<u>dtv</u>

Eine schöne Zeit, eine gute Zeit: Man wünscht sie sich selbst und anderen bei allen möglichen Gelegenheiten. Das können Reisen sein, Geburtstage, festliche Anlässe oder ein Abschied. Eine richtig gute Zeit verspricht auch die Lektüre der vorliegenden Geschichten. Einfach mal abschalten, entspannen und sich treiben lassen nach Amerika, ins Riesengebirge, nach Jerusalem und ins alte Livland, nach Italien, Finnland und auch in vergangene Zeiten. Fünfzehn Erzählungen von Ernst Augustin, T. C. Boyle, Anna Gavalda, Lauren Grodstein, Eveline Hasler, Elke Heidenreich, Else Hueck-Dehio, Binnie Kirshenbaum, Siegfried Lenz, Penelope Lively, Isabella Nadolny, Herbert Rosendorfer, Rafik Schami, Angelika Schrobsdorff und Uwe Timm.

Eine richtig gute Zeit

Lesebuch

Zusammengestellt von
Helga Dick und Lutz-W. Wolff

dtv

Ausführliche Informationen über
unsere Autoren und Bücher
www.dtv.de

Neuausgabe 2012
4. Auflage 2016
Veröffentlicht 2004 in der
dtv Verlagsgesellschaft mbH & Co. KG, München
Alle Rechte vorbehalten
(siehe Quellenhinweise S. 221 ff.)
Umschlagkonzept: Balk & Brumshagen
Umschlaggestaltung: Helen Schüßler unter
Verwendung eines Fotos von
plainpicture/Jasmin Sander
Gesetzt aus der Stempel Garamond 12/14,5·
Gesamtherstellung: Druckerei C.H.Beck, Nördlingen
Gedruckt auf säurefreiem, chlorfrei gebleichtem Papier
Printed in Germany · ISBN 978-3-423-25325-3

Inhalt

PENELOPE LIVELY

Ihre eigene Welt

Meine Schwester Lisa ist Künstlerin. Sie ist nicht wie andere Menschen.

Lisa ist zwei Jahre jünger als ich, und wir wußten schon recht früh, daß sie Künstlerin war, teils weil sie immer so hübsch zeichnen konnte, aber auch wegen ihres Verhaltens. Sie lebt eben in ihrer eigenen Welt, pflegte unsere Mutter zu sagen. Sie war immer die Schwierige, hatte Launen, bekam Wutanfälle und regte sich ständig über irgend etwas auf, aber als Mutter erst eingesehen hatte, daß sie Künstlerin war, nahm sie Rücksicht darauf. Das taten wir alle. Sie hat wirklich Talent, sagte der Zeichenlehrer in der Schule. Mrs. Harris, Sie müssen dafür sorgen, daß sie alle Unterstützung bekommt, die sie braucht. Und Mutter freute sich wie ein Schneekönig, sie hatte kreative Menschen immer bewundert, wäre gern selbst fähig gewesen, zu schreiben oder zu malen, aber daß Lisa sich in diese Richtung entwickelte, war fast genausogut oder vielleicht sogar noch besser.

Als Lisa fünfzehn war, begann Mutter bei Luigi's an der Theke zu arbeiten, um ein bißchen zusätzliches Geld zu verdienen, damit Lisa in die

Kunstschule gehen konnte. Vater war vor drei Jahren gestorben. Es machte mir Sorgen, daß Mutter arbeiten ging, sie litt seit Jahren hin und wieder an Asthma, und außerdem war es ihr peinlich, in einem Laden zu bedienen. Aber leider eignete sie sich für nichts sonst, und überhaupt, sagte sie, ist ein Delikatessengeschäft etwas anderes als ein gewöhnlicher Kramladen oder ein Supermarkt.

Ich war mittlerweile im College und machte mein Lehrerinnenexamen. Lisa ging in eine der Londoner Kunstschulen und kam nach dem ersten Semester heim, völlig verdreht, man hätte sie fast nicht mehr erkannt: rotgefärbte Haare und schwarze Kleider mit Pop-art-Ansteckern und was weiß ich. Zum Glück hatte Mutter etwas gespart, denn alles erwies sich als viel teurer, als wir gedacht hatten, selbst mit Lisas Ausbildungsstipendium. Sie mußte so vieles, zum Beispiel ins Theater gehen und so, und natürlich brauchte sie schickere Sachen dort unten und immer mehr davon, und im Jahr darauf mußte sie den ganzen Sommer über nach Europa reisen, um berühmte Gemälde und Architektur zu sehen. Sie war monatelang weg, wir sahen sie fast nie, und als sie zurückkam, hatte sie sich wieder total verändert: ihr Haar war blond und kraus, und sie trug viel Leder, sehr teuer, Stiefel bis zu den Oberschenkeln und lange Wildledermäntel. Zu Weihnachten kam sie nach Hause, und manchmal war sie fröhlich und gesprächig und brachte jeden zum Lachen, manchmal war sie auch schlechtgelaunt und trübsinnig, aber Mutter sagte, so sei sie schon als kleines Kind gewesen, und natürlich müsse man damit rechnen, bei ihrem Temperament.

Damals war Mutter schon nicht mehr bei Luigi's, wegen ihres Beines (sie hat diese Venenprobleme und darf nicht lange stehen), aber sie begann mit kleinen Heimarbeiten für wenig Geld. Sie fertigte Kissen und Vorhänge für die Leute, in Handarbeiten war sie immer gut gewesen, manchmal sagt sie, es würde sie nicht wundern, wenn Lisas Kreativität daher käme, und vielleicht läge es ja in der Familie ...

Wenn ja, bin ich dabei zu kurz gekommen. Immerhin habe ich mein Diplom gemacht (recht gut übrigens, als eine der Jahresbesten) und habe angefangen zu unterrichten, und nicht lange danach habe ich Jim geheiratet, den ich schon seit Collegetagen kannte, und wir bekamen die Kinder schon sehr bald, weil ich vorhatte, später, wenn sie zur Schule gingen, wieder zu arbeiten.

Lisa beendete ihre Kunstschule mit wie auch immer der Abschluß dort heißt, aber danach fand sie keine Stellung. Oder wenigstens wollte sie keine der Stellungen, die sie hätte kriegen können, wie Schaufensterdekorateurin oder Jobs bei Zeitschriften oder Verlagen oder etwas in der Art. Das kann man ihr nicht vorwerfen, sagte Mutter, ich meine, das wäre ja eine Verschwendung ihrer Talente, das ist doch lächerlich, wo sie soviel Zeit damit verbracht hat, sich zu entwickeln, da kann niemand von ihr erwarten, daß sie sich an einen 08/15-Job fesseln läßt wie jede andere.

Lisa hatte es dann satt. Sie mußte heimkommen und zu Hause wohnen. Mutter zog aus ihrem Schlafzimmer aus, ließ die Handwerker kommen, ein Oberlicht einbauen und den Raum zu einem Atelier für Lisa umgestalten, wirklich sehr hübsch, mit poliertem Dielenboden und einer großen neuen Staffelei, für die Mutter ein silbernes Teeservice verkaufte, das sie zur Hochzeit geschenkt bekommen hatte (sie sagt, sie hätte es sowieso nie gemocht). Doch dann erwies sich, daß Lisa gar nicht so malte, sondern alle möglichen Materialien übereinanderleimte und buntes Papier ausschnitt und auf Papierbögen aufklebte. Und wenn sie überhaupt malte oder zeichnete, dann hockte sie dabei auf dem Boden oder lag auf dem Bauch auf dem Sofa.

Ich werde nicht schlau aus der Art Kunst, wie Lisa sie fabriziert. Ich meine, ich weiß einfach nicht, ob sie gut ist oder nicht. Aber wie sollte ich auch, nicht wahr? Jim genausowenig, und auch nicht Mutter, keiner von uns. Wir sind in diesen Dingen eben nicht bewandert und haben daher kein Urteil.

Lisa hing monatelang zu Hause herum. Sie sagte, sie hätte nichts gegen einen Job bei einer guten Firma gehabt, in dem sie Stoffe hätte entwerfen können – bei Liberty's oder so –, vorausgesetzt, sie hätte allein arbeiten können, weil sie diesen sehr individuellen Stil hatte, der sich nicht mit dem anderer Leute mischen ließ. Sie könnte aber vielleicht Ausstellungen im Victoria & Albert Museum arrangieren oder in der Tate Gallery oder anderswo. Solche Jobs bekam sie jedoch nie, und überhaupt fand Mutter, es wäre unklug, wenn sie sich festlegte, denn in der Hauptsache sollte sie ihre eigene Arbeit tun. Das sollte jeder Künstler. So einfach sei das.

Eigentlich malte Lisa weniger und weniger, und Mutter sagte, es sei doch tragisch, daß sie so desillusioniert und entmutigt würde, es sei so eine Talentvergeudung. Leuten, die fragten, was Lisa derzeit täte, erklärte Mutter, es sei eine Schande, daß die Regierung nicht dafür sorgte, daß Menschen wie sie die Chancen und Unterstützung bekämen, die sie brauchten. Weiß Gott, sagte sie seufzend, schöpferische Kraft ist so selten. Und die Nachbarin, Mrs. Watkins, und der Vikar und sonstwer nickten zweifelnd und sagten, ja, da habe sie wohl recht.

Und dann kam Bella Sims und eröffnete die neue Galerie in der Stadt: das Kunstzentrum. Früher gab es dort nur den Kunstgewerbeladen, der einige sehr sonderbare Bilder hatte, aber auch

Glastiere und Maisstrohpüppchen führte. Lisa fand den Kunstgewerbeladen widerlich. Aber bei Bella Sims gab es wirklich Kunst. Das sah man sofort, viel nackter Boden, und die Bilder hingen in sehr großen Abständen voneinander, und es gab Keramikvasen und -schüsseln, die so teuer waren, daß nicht einmal der Preis daran stand. Und eines Tages brachte Lisa einige ihrer Sachen dorthin, und ob man es glaubt oder nicht, Bella Sims meinte, sie gefielen ihr und sie würde sie in ihre nächste Ausstellung übernehmen, die speziell für ortsansässige Künstler sei. Als Lisa es Mutter erzählte, weinte Mutter.

Lisa war in dieser ganzen Sache sehr lässig, sie tat, als habe sie nichts anderes erwartet. Sie und Bella Sims waren bald dick befreundet.

Bella Sims war um die Fünfzig, einer jener Menschen mit lauter, selbstbewußter Stimme und immer einer Frisur wie frisch vom Friseur und massenhaft teuren Klunkern. Sie jagte mir eine enorme Angst ein, und Mutter eigentlich auch, obwohl Mutter sagte, sie sei fabelhaft und ein Gewinn für die Stadt. Die Vernissage gefiel mir nicht, und auch Jim nicht. Ich war damals schwanger mit Judy, und Clive war achtzehn Monate. Ich war daher ziemlich erschöpft, außerdem sprach niemand viel mit uns. Aber Lisa amüsierte sich gut, das war deutlich zu sehen, sie hatte Kleider in folkloristischem Stil an und trug das Haar offen und glänzend, sie sah wirklich sehr reizvoll aus. Bei dieser Vernissage hat sie Melvyn kennengelernt.

Melvyn war Bellas Sohn. Er unterrichtete Design am Polytechnikum. Das bedeutete, daß er gewissermaßen auch schöpferisch war, obwohl natürlich kein echter Künstler wie Lisa. Er verliebte sich Hals über Kopf in sie, man konnte ihm das ja auch nicht übelnehmen, und von da an gingen sie miteinander, und ziemlich bald sagten sie, sie würden heiraten. Wir freuten uns alle, weil nämlich Melvyn sehr nett ist – man würde nie glauben, daß er Bellas Sohn ist –, und wir merkten erst später, daß sie es nur taten, weil Francesca unterwegs war. Mutter war sehr aufgeregt darüber und meinte, sie sei vielleicht ein bißchen mit schuld, sie hätte mit Lisa mehr über alles reden sollen. Aber offen gestanden glaube ich nicht, daß das viel geändert hätte. Eigentlich sorgte sie sich mehr darum, daß Lisa, wenn das Baby erst da war, nicht mehr würde malen können. Natürlich freute sie sich über Francesca, aber sie fand doch, es sei schade, daß Lisa nun schon so früh angehängt sein würde.

Aber so wurde es eigentlich nicht. Lisa gewöhnte sich sofort an, Francesca entweder bei Mutter oder bei mir zu lassen, wenn sie mal Zeit für sich brauchte – sie mußte mittlerweile sehr oft nach London, um den Kontakt zu ihren Collegefreunden nicht zu verlieren und zu versuchen, Absatzmöglichkeiten für ihre Arbeiten zu finden. Ich hatte ja ohnehin zwei Kinder, da machte ein drittes nicht viel Unterschied, wie sie sagte. Es wurde natürlich ein bißchen mehr Streß, als sie im Jahr darauf Jason bekam und er dann auch noch dazukam. Vier Kinder im Auge zu behalten ist ziemlich viel, aber Mutter half natürlich oft aus, wann immer ihr Bein weniger schlimm war. Bella Sims drängte sich – es ist fast unnötig, das zu erwähnen – nicht sehr danach, die Omarolle zu übernehmen.

Ein Jahr später bekam Lisa Alex. Ich muß sagen, ich habe nie begriffen, warum Lisa so viele Kinder kriegt. Ich meine, sie muß doch Bescheid wissen. Natürlich ist sie unbekümmert und nachlässig, aber trotzdem. Ich habe zwei, und damit hat es sich, vorbehaltlich Pannen. Schließlich habe ich vor, wieder zu arbeiten, wenn ich kann. Ich bin sicher, daß Lisa das alles sehr kalt und berechnend finden würde, aber so bin ich nun einmal. Lisa sagt, sie hält nichts davon, das Leben zu planen, man läßt einfach alles geschehen und wartet ab, was kommt.

Alex sah schon als winziges Baby irgendwie chinesisch aus, aber wir brauchten endlos, ehe wir es kapierten, und er war schon elf Monate alt, ehe der Groschen fiel und uns klar wurde, daß, um es offen zu sagen, Melvyn nicht der Vater war.

Es war ein ziemlicher Schlag, besonders für unsere arme Mutter. Sie war tagelang sehr still, und ich muß zugeben, daß sie Alex seitdem gar nicht mehr so sehr mochte, ihn jedenfalls nicht so vergötterte wie die anderen.

Der Vater war jemand, den Lisa in London kennengelernt hatte. Er stammte übrigens aus Thailand, nicht aus China. Aber eigentlich war die Geschichte schon vorbei, noch bevor Alex zur Welt kam, und sie hat ihn nie wiedergesehen.

Melvyn nahm alles sehr gut auf. Ich glaube, er muß es schon vor uns gewußt haben. Melvyn war überhaupt von Anfang an sehr gut zu Lisa, und nichts, was passiert ist, war im geringsten seine Schuld. Wenige Männer hätten sich so um die Kinder gekümmert, wie er das von Beginn an tat, weil Lisa so oft weg oder mit ihren eigenen Angelegenheiten beschäftigt war. In Wahrheit war es auch besser für die Kinder. Nicht, daß Lisa eine schlechte Mutter gewesen wäre, ich meine, sie wird nicht besonders schnell ungeduldig oder ärgerlich, sie kümmert sich einfach nicht viel um sie. Sie sagt, das Schlimmste sei zu große Fürsorglichkeit, und Mutter sei immer überfürsorglich mit ihr umgegangen.

Bella Sims wußte einige recht üble Dinge über sie zu sagen. Doch bald darauf verkaufte sie die Galerie und zog wieder nach London, und wir sahen sie nie wieder. Das hier war offenbar die falsche Sorte Provinzstadt; hier würde man mit

Kunst nie ein lebensfähiges Geschäft in Gang bringen können.

Nachdem Alex geboren war, wurde es schlimmer. Lisa fuhr immer öfter weg. Manchmal waren die Kinder tagelang bei uns, oder aber Melvyn kam vorbei, ziemlich am Ende seiner Kräfte, und fragte, ob wir ihm nicht helfen könnten, Lisa sei in London, um bei einer Galerie vorzusprechen, die vielleicht ihre Sachen ausstellen würde, oder sie sei nach Wales gefahren, um eine Frau zu besuchen, die phantastische Keramiken machte.

Als Francesca davonlief und einen ganzen Tag lang verschwunden blieb und die Polizei sie schließlich fand und herauskam, daß Lisa irgendwo mit Ravi, ihrem indischen Freund, gewesen war, spitzten sich die Dinge einigermaßen zu. Lisa und Melvyn hatten Krach, und Lisa brachte sämtliche Kinder spätnachts in ihren Pyjamas zu mir herüber und sagte, sie sei so aufgeregt über das alles, daß sie ein paar Tage allein verreisen und über das alles nachdenken müsse. Jim hatte die Grippe, und ich hatte sie eben erst überstanden, deshalb wurde ich ein bißchen scharf mit ihr. Ich fragte, ob nicht Melvyn sie übernehmen könnte, und sie sagte, nein, Melvyn müsse den ganzen nächsten Tag unterrichten, was vermutlich sogar stimmte. Und überhaupt, sagte sie, sind es meine Kinder, ich bin für sie verantwortlich. Ich muß mit mir ins reine kommen, was zu unternehmen ist.

Sie trug etwas Langes, Rotblaues aus einem hand-bedruckten Stoff und eine Masse silberner Arm-reifen und sah erschöpft aus und zugleich irgend-wie sehr dramatisch. Die Kinder heulten alle.

Also übernahm ich sie natürlich, und sie war ungefähr eine Woche weg. Während sie weg war, besprachen wir die Sache, Jim und ich. Jim sagte (was er noch nie getan hatte), er fände, Lisa sollte sich ein bißchen zusammenreißen, und ich mußte ihm beipflichten. Es war leichter, solange sie nicht da war. Irgendwie hat man, wenn sie da ist, immer das Gefühl, man könne von ihr nicht dasselbe verlangen wie von anderen Leuten. Es setzt mir immer zu, wenn ich sehe, wie Lisa mal den Boden scheuert oder Windeln wäscht oder sonst etwas, was ich jeden Tag tue. Irgendwie ist das bei ihr etwas anderes.

Mutter sprach auch mit Melvyn, der vorbei-gekommen war, um festzustellen, wo die Kinder waren. Mutter war ganz Mitgefühl, sie weiß, was es heißt, mit Lisa zu leben. Wir alle wissen es. Sie sagte zu Melvyn, natürlich hätte sich Lisa verant-wortungslos und töricht benommen, das könne keiner leugnen. Als Lisa noch klein und manchmal besonders eigensinnig und lästig gewesen sei, sagte Mutter mit einem aufmunternden kleinen Lachen, hätte sie ihr manchmal um ein Haar einen tüch-tigen Klaps gegeben. Aber da, sagte sie, sei ihr gewöhnlich noch rechtzeitig eingefallen, daß solche Menschen nur bis zu einem gewissen Punkt für ihr Verhalten verantwortlich sind. Man kann nicht das gleiche von ihnen erwarten wie von allen anderen.

Ich weiß nicht, was Melvyn darüber dachte, gesagt hat er es nicht. Nach der Scheidung hat er dann Sylvie Fletcher geheiratet, die in der Bibliothek arbeitet. Ich war mit ihr in der Schule, und sie ist sehr nett, aber ganz und gar Durchschnitt. Mutter sagt immer, es muß ihm doch wie ein Abstieg vorkommen, nach Lisa. Jetzt haben sie einen kleinen Jungen, und Melvyn gibt sich größte Mühe, Francesca und Jason (und auch Alex) zu besuchen, so oft er kann. Es bedeutet wirklich große Mühe, weil er dazu nach London fahren und herauskriegen muß, wohin Lisa gerade wieder gezogen ist, außer die Kinder sind sowieso bei uns oder bei Mutter.

Mutter und ich haben auch miteinander gesprochen. Ich bin zu ihr gegangen und fand sie in Lisas Atelier, wo sie vor diesem großen Ding stand, das Lisa mal gemacht hat. Es besteht teils aus dick aufgeklatschter Ölfarbe und teils aus daraufgepapptem und dann übermaltem Stoff, und in der oberen Ecke war ein auf der Seite liegendes Foto des Herzogs von Edinburgh aus einer Zeitschrift unter einer Lackschicht. Ich glaube, es sollte witzig sein oder sarkastisch oder so. Wir standen beide eine Weile davor, und Mutter sagte: »Es ist natürlich sehr gut, oder?«

Ich sagte, ich wüßte es ehrlich nicht.

Wir fühlten uns beide etwas verlegen da im Atelier. Lisa war immer sehr heikel mit ihrer Privatsphäre. Sie sagt, was absolut niemand darf, ist ins Leben anderer eindringen, sie ist unbedingt dafür, daß alle Leute unabhängig sind und ihre individuellen Rechte haben. Darum haben Mutter und ich nur kurz saubergemacht, weil der Staub Mutter gestört hat, und dann gingen wir hinunter und tranken eine Tasse Tee und schwatzten. Mutter sprach über das Buch von Augustus John, das sie gelesen hatte. Sie interessiert sich sehr für die Biographien berühmter Dichter und Künstler und solcher Leute. Sie sagte, was für eine faszinierende Persönlichkeit er gewesen sein muß, natürlich benahm er sich schlecht gegenüber anderen, seiner Ehefrau und all den übrigen Frauen, aber es muß trotzdem wundervoll aufregend gewesen sein, das Leben mit so jemand. Man sah, daß sie dabei halb und halb an Lisa dachte. Ich wurde ein bißchen patzig, weil mich die Kinder so fertigmachten, und sagte, Lisa ist nicht Augustus John, oder? Eigentlich wissen wir doch gar nicht, nicht wahr, ob sie überhaupt gut ist oder nicht.

Es entstand ein Schweigen. Wir sahen uns an. Dann schaute Mutter weg und sagte: »Nein, das wissen wir nicht. Aber es könnte doch sein, oder? Und es wäre doch schrecklich, wenn sie es wäre und keiner hätte sie verstanden und ihr geholfen.«

Lisa kam die Kinder erst holen, als sie eine Wohnung gefunden hatte. Sie hatte sich die Haare schneiden lassen, und was davon noch übrig war, gab ihr das Aussehen eines kleinen Jungen – alles glatt zum Hinterkopf gekämmt. Sie sah aus wie ungefähr sechzehn. Lisa ist, das sollte ich dazusagen, sehr klein und mager. Alle Leute bieten sich immer gleich an, ihr die Koffer zu tragen, und wenn man sie etwas tun sieht, was Anstrengung erfordert, nimmt man es ihr automatisch ab, weil man das Gefühl hat, sie schafft es nicht, jedenfalls bekommt man beim Zuschauen ein schlechtes Gewissen.

Sie sagte, ihre Frisur sei symbolisch, denn sie finge jetzt ganz neu an und löse sich von der Atmosphäre, die sie bisher eingeengt habe (ich nehme an, sie meinte den armen Melvyn), und jetzt würde wirklich alles gut, denn Ravis Vater sei ein reicher indischer Geschäftsmann und würde eine kleine Galerie in Islington kaufen, die Ravi führen würde, und sie arbeite hektisch daran, genügend Objekte für eine Ausstellung zusammenzubringen.

Die Galerie hielt sich nicht lange, weil laufend Geld zugebuttert werden mußte, und nach einer Weile sagte Ravis Vater, der ein ganz gewöhnlicher Geschäftsmann und keineswegs so einfühlsam und kunstinteressiert war, wie Lisa gedacht hatte, daß er verkaufen würde, um weitere Verluste zu vermeiden. Zu der Zeit lebten Ravi und Lisa gar nicht mehr zusammen, weil Lisa klargeworden war, daß an ihrer Kunst nur deswegen immer noch etwas fehlte, weil sie immer in Großstädten gelebt hatte, und im Grunde müsse sie sich, um sich angemessen zu verwirklichen, in die Einsamkeit zurückziehen und ein einfaches, arbeitsames Leben führen. Sie war der Ansicht, eigentlich sei Keramik das richtige Medium für sie, wenn sie erst genug gespart hätte für eine Drehscheibe und das alles.

Mutter half ihr finanziell aus, und Lisa brachte die Kinder hinunter nach Somerset. Da lebte ein Mann, den sie kannte, jemand sehr Reiches, der ein großes altes Haus hatte, eine Art Kommune für Künstler und für Gruppen von jungen Leuten, die die Natur und die Umwelt studieren wollten. Wir sind einmal hingefahren, als Lisa wollte, daß wir Alex für ein Weilchen zu uns nähmen, weil er kränkelte und sie es ein bißchen anstrengend fand, ihn zu versorgen. Umwelt war wirklich viel da, das Haus lag meilenweit entfernt von allem und jedem bis auf das Dorf, und das war auch nicht groß, so daß es mehr Künstler als normale Dorfbewohner zu geben schien. Es war ein heißer Sommer, und Lisa und die übrigen liefen so gut wie ohne Kleider herum, es war mehr wie Südfrankreich als wie Westsomerset, und ich hatte den Eindruck, daß es einigen älteren Dorfbewohnern gar nicht so gefiel. An einem Wochenende gab es ein Popfestival im Freien, das Tag und Nacht weiterging, und der Mann, dem das Anwesen gehörte, hatte den Künstlern die Kirche als Ausstellungsraum zur Verfügung gestellt. Es war eine kleine graue Steinkirche mit altem Schnitzwerk, und sie sah sehr sonderbar aus mit den riesigen, heftigbunten Gemälden und eigenartigen Skulpturen im Inneren. Lisa sagte, es täte den Leuten wahnsinnig gut, mal mit dem heutigen Leben konfrontiert zu werden, sie seien hier so von allem abgeschnitten, und der visuelle Schock würde sie vielleicht echt aufrütteln.

Zu guter Letzt fühlte sich Lisa selber auch ein bißchen abgeschnitten, außerdem hatte es Krach mit den Leuten vom Jugendamt gegeben, den Lisa als lächerlichen Blödsinn bezeichnete, und überhaupt sei es nur eine drollige Angewohnheit von Francesca, manchmal davonzulaufen, und es sei im Grunde doch gut, daß sie sich frei und ungehemmt fühle, die meisten Menschen erdrückten ihre Kinder so. Francesca war mittlerweile sechs und Jason fünf. Jason stotterte stark, das tut er immer noch, manchmal scheint er stundenlang kein Wort herausbringen zu können.

Lisa kam dann für ein Weilchen nach Hause zu Mutter, weil die Mieten in London so irrwitzig sind, und dort hätte sie eine Stelle annehmen müssen, was natürlich nicht in Frage kam, wenn sie weiter töpfern und auch weben wollte, worauf sie jetzt ganz verrückt war. Und bei Mutter hatte sie ihr Atelier, das wäre sicher eine gute Lösung, dachte sie, vorausgesetzt, sie verlor nicht den Kontakt zu anderen Menschen und fühlte sich nicht zu sehr isoliert.

Jim und ich hatten Alex mittlerweile mehr oder weniger bei uns, wir haben ihn sehr gern, und er könnte ebensogut auch unser Kind sein. Gut ist auch, daß Jim als Mensch ist, wie er ist. Lisa findet ihn langweilig, ich weiß, aber das ist ihre Meinung, und je älter ich werde, desto weniger sicher bin ich, daß sie in allem recht hat.

Einmal bin ich vor Mutter explodiert, indirekt wohl auch wegen Lisa. Die war mal wieder nach London gefahren, um Kontakte zu pflegen, und da war in der Schule diese Geschichte mit Francesca gewesen (manchmal stiehlt sie, es ist sehr peinlich, und sie soll zu einem Jugendpsychologen), und ich mußte mich um alles kümmern. Ich hatte es einigermaßen satt, weil ich merkte, daß ich mit Alex und so vielen Pflichten nicht Ende des Jahres wieder arbeiten könnte, wie ich es geplant hatte. Vielleicht sollte man es machen wie Lisa und überhaupt nicht planen. Jedenfalls erzählte mir Mutter von der Biographie von Dylan Thomas, die sie gelesen hatte, und was für ein überaus exzentrischer Mensch er gewesen sei und wie faszinierend es gewesen sein mußte, ihn zu kennen. Ich hatte das Buch übrigens auch gelesen, und ich persönlich sehe nicht ein, warum man nicht auch gute Gedichte schreiben kann, ohne andauernd Leute anzupumpen und Lügen zu verbreiten.

Als ich noch im College war, hat einer der Tutoren einen prominenten Dichter dazu gebracht, zu uns zu kommen und einen Vortrag zu halten. Er hatte eine Brille mit dicken Gläsern und einen ziemlich altmodischen Anzug, er hätte ohne weiteres jemandes Vater oder ein Bankangestellter sein können. Er war sehr freundlich und redete nachher im Gemeinschaftsraum mit uns und war zu keinem unhöflich. Ich habe Mutter später davon erzählt, und sie hat gesagt, so gut war er vielleicht gar nicht, ich meine als Dichter.

Und als sie so über Dylan Thomas daherredete, platzte mir der Kragen. Ich sagte, nein, ich schrie: »T. S. Eliot hat in einem Büro gearbeitet, und Gustav Holst war ein verdammter Schullehrer!«

Mutter schaute ganz erschreckt. Sie sagte: »Wer?« Für Musiker interessiert sie sich weniger.

Ich sagte mürrisch: »Ach, laß nur. Es gibt eben mehr als eine Art, an die Dinge heranzugehen.« Und dann fingen die Kinder an, sich zu kabbeln, und wir wurden abgelenkt, und das Thema ist nie wieder aufgetaucht.

Lisa teilte sich mit einer Freundin eine Wohnung in London. Sie mußte ständig dort sein, weil es da diesen Bekannten gab, der davon sprach, einen Kunstgewerbeladen für Weber und Töpfer zu eröffnen, ein phantastischer neuer Plan, und sie an Ort und Stelle sein mußte, wenn es losging. Es war schwierig, die Kinder dorthin mitzunehmen, daher blieb Francesca bei Mutter, und die zwei Kleinen blieben bei uns. Francesca gewöhnte sich gut ein in der Schule und fing an, sich viel besser zu benehmen, und Jasons Stottern besserte sich, und dann tauchte Lisa plötzlich wieder auf, braun wie eine Kastanie, das Haar wieder lang und jetzt mit Henna gefärbt, und erzählte, sie hätte in Marokko diese unglaublichen Amerikaner kennengelernt, die ein Atelier hatten, und dort würde sie jetzt arbeiten und diese wundervolle neue Emailliertechnik lernen. Das hätte sie von Anfang an tun sollen, sagte sie, wenn sie nur davon gewußt hätte. Statt mit Töpfen und Stoffen herumzumurksen. Die Kinder nähme sie mit, sagte sie, weil sie noch ganz verblödeten, wenn sie in einer englischen Provinzstadt aufwüchsen, und dort draußen sei es schön und billig.

Sie nahm auch Alex mit, aber nach sechs Monaten schickte sie ihn plötzlich wieder zurück, in Begleitung einer sehr sonderbaren deutschen Freundin von ihr. Wir mußten ihn in Heathrow in Empfang nehmen. Anscheinend machte er dauernd ins Bett, und obwohl Lisa bei so was nicht besonders etepetete ist, sagte sie, sie habe das Gefühl, er sei nicht recht anpassungsfähig.

Und so geht es weiter. Nach ein paar Jahren kam sie zurück aus Marokko und blieb eine Weile in London, wo ihr ein ziemlich vermögender Holländer ein Haus in Fulham kaufte, und wir dachten, er würde sie heiraten. Sechs Monate lang ging Francesca in ein teures Internat, in dem ausschließlich auf französisch unterrichtet wurde, und dann ging der Holländer weg, und Lisa fand heraus, daß ihr Haus nur gemietet war und nicht gekauft, und so kam sie wieder ein bißchen heim, um sich alles zu überlegen, und Francesca ging in die Volksschule.

Und dann kam Wales mit dem polnischen Bildhauer, und dann die Dordogne mit den Tapisseriekünstlern, und dann wieder London und dann wieder ein Weilchen hier, und das Cottage in Sussex, das ihr jemand geliehen hatte ...

Als sie das letzte Mal da war, sah sie sonderbar verknittert aus, wie ein Kleid, das man ins Schubfach gelegt hat, anstatt es richtig aufzuhängen, und mir wurde plötzlich klar, daß sie jetzt fast vierzig ist, die Lisa. Es paßt irgendwie nicht zu ihr, sie ist ein Mensch, der immer etwas vor sich hat und nichts hinter sich.

Mutter und ich haben neulich ihr Atelier ausgeräumt. Mutter hat das Gefühl, daß Francesca möglicherweise Talent hat, und in diesem Fall braucht sie es. Wir haben abgestaubt und poliert und den Schrank mit Lisas alten Gemälden und

Collagen und alledem leergemacht. Sie sahen alle ziemlich schäbig aus, irgendwie verdorrt, nicht ganz so groß oder leuchtend, wie man sie in Erinnerung hatte. Mutter meinte zweifelnd: »Ich weiß nicht, ob sie sie wohl nach London geschickt haben will?« Und dann: »Natürlich ist es schade, daß sie ein so wirres Leben gehabt hat.«

Dieses »gehabt hat« fiel uns ein paar Sekunden lang nicht weiter auf. Nach einer Weile fing Mutter an, alles wieder in den Schrank zu räumen, sehr sorgfältig. Mutter ist jetzt über Siebzig, und das Bücken fällt ihr schwer. Ich überredete sie, sich hinzusetzen, und machte weiter. Da war noch eine Mappe mit Sachen, die Lisa in der Schule gemacht hat, wirklich hübsche Zeichnungen von Blumen und Blättern und ein Bleistiftporträt von einer Mitschülerin, an deren Namen weder Mutter noch ich uns erinnerten. Die tat Mutter beiseite. Sie dachte, sie könnte sie vielleicht rahmen lassen und in die Diele hängen. Als sie sie in die Höhe hielt, sagte sie: »Weißt du, bei ihrem Temperament konnte man ja nicht erwarten, daß sie ein ruhiges Leben führt, und sie war wenigstens immer frei und konnte sich selbst verwirklichen, und das ist das Wichtigste.«

Als ich nicht antwortete, sagte sie: »Nicht wahr, Liebes?«

Und ich sagte: »Ja. Ja, ich denke schon, Mutter.«

ERNST AUGUSTIN

Der Generationenvertrag

> Kurt Biedenkopf: Den Generationen-
> vertrag, also einen Vertrag, den man im
> Sinne der Einklagbarkeit so bezeichnen
> kann, hat es nie gegeben.
> (Rheinischer Merkur, 18. 4. 1997)

O ja, wir waren standhaft, die Züge waren voll, die Bahnstrecken lang und dunkel, Aufenthalt in Gräfenschotter nicht unter einer halben Stunde. Außerdem war Nachkriegszeit, und alle waren wir schwach, wir Kinder, voller Hoffnung nichtsdestoweniger, eine gnädigere Zukunft betreffend.

Denn wie zum Beispiel gestaltete sich der tägliche Schulweg – schwach, wie wir waren –, zwei Stunden mit dem Lokalzug? In Niederdorf kriegten wir ja noch unseren Sitzplatz, weil von dort höchstens der Milchmann oder ein gelegentlicher Bautrupp mitfuhr. Sechs Fahrschüler waren wir, und voller Hoffnung saßen wir auf den gekehlten Holzbänken, bis zur ersten Station. Aber dann stiegen sie ein, die Alten, in Pommelsdorf, Schwante, Beerlank, Breete kamen sie einer nach dem anderen, in Anzügen, Regenmänteln, Filzhüten, Uhrketten, ja, ich erinnere mich vor allem an die Uhrketten, die sich direkt in Augenhöhe befanden: Hatte man eine solche vor Augen, mußte man aufstehen.

Ich weiß gar nicht, wie alt die Alten waren, vielleicht fünfzig, oder noch nicht einmal fünfzig. Jedenfalls standen wir auf und ließen die Alten sitzen, voller Haß natürlich, aber doch einer nach dem anderen. Kulle etwa erwischte es mit einer Uhrkette auf graugestreifter Weste, Karlchen mit einer auf schwarzem Beamtenfilz und mich selber dann vielleicht mit einem Hirschzahn, jenem bedrohlich gelben Anhänger am Ende der Kette, meist mit zugehörigem Altmännerdunst, der erwies sich dann als besonders tödlich.

Am schlimmsten aber waren Kostüme: Kostüm plus Makkostrumpf, wenn diese Kombination auch nur angedeutet zwischen den Sitzreihen auftauchte – man versteht, wir hielten panisch die Köpfe gesenkt –, wenn auch nur ganz hinten der fleischgraue Farbton erschien, dann war alles zu Ende. Ältere Damen bedeuteten absolutes Muß. Dabei mochten sie nach heutigem Ermessen in den Vierzigern gewesen sein, mit strenger Haarfrisur, vielleicht bloß in den Dreißigern. Mit zehn ist zwanzig bereits alt.

Ich glaube, in all den Jahren bis zur mittleren Reife war es mir höchstens ein Dutzend Mal gelungen, bis ganz nach Schwerin durch zu sitzen. Aber immer mit der wahnwitzigen Hoffnung, ja, eigentlich mit der Gewißheit, daß eines Tages, eines unerhört satten und behäbigen Tages auch mir (in Weste und Hirschzahn) Platz gemacht werden würde, sozusagen als Belohnung für geleistete Dienste.

Für schweres und schwerstes Stehen.

Ich erinnere mich an eine Bahnfahrt 1947 zur Oma nach Bautzen. Damals gab es weder Kohle noch Bahngleise – die hatten die Russen längst abtransportiert –, so daß achtzehn bis zwanzig Stunden für eine solche eingleisige Strecke ganz normal erschienen. Wir reisten im geschlossenen Abteil mit dem seitlichen Gang, wo Leute standen und drohend ins Abteil blickten. Eine Stunde hielt ich es anfangs aus, dann bot ich einem Bauch vor der Glasscheibe meinen Platz an. Während mein Vater sagte: Aber nur für eine Stunde, danach muß mein Sohn wieder sitzen, denn wir haben noch zwanzig Stunden vor uns.

Also gut, nach zwei Stunden räumte der Mann seinen (meinen) Platz, weil er sowieso aussteigen mußte, aber nun drückte sich ein anderer Bauch gegen die Scheibe, ein besonders hängender, und den hielt ich nur eine Viertelstunde aus. Geschlagene viereinhalb Stunden stand ich dann auf dem Gang, schließlich hielt es mein Vater nicht mehr aus und ließ mich auf seinem Platz sitzen. Eine Weile lang. Bis diese alte Dame vor der Glasscheibe erschien.

Also die war nun wirklich alt, und ich konnte nicht umhin, ich ließ sie sitzen – sozusagen, ich und mittelbar auch mein Vater. Während die alte Dame allerdings bis Bautzen durchfuhr. Man ahnt den Verlauf. Nach sechs Stunden ließ also meine arme Mutter, die das nun auch nicht mehr mitansehen konnte, uns beide sitzen, erst meinen Vater und schließlich auch mich. Und das war ein Fehler.

Das war allerdings ein großer Fehler. Denn nun erschien eine ganz alte Dame vor der Scheibe, eine absolut alte (mindestens sechzig), ich erinnere mich, sie trug einen gehäkelten teefarbenen Mantel, der aus fernsten Zeiten stammte, und der mußte wohl den Ausschlag gegeben haben. Im Endeffekt standen nicht nur ich als Kind, sondern auch Vater und Mutter bis nach Bautzen durch. Irgendwie eingehängt und von einem Bein aufs andere wechselnd, ein leidiges Erbe, sollte man sagen, ja, aber auch mit einer Verpflichtung für die nächste und jeweils nächste Generation.

Lange genug hatte ich nun darauf gewartet, ein ganzes Leben lang, wenn man will, mit dem Auf und Ab, den Herzen und Schmerzen, Gewinn und Verlust. An dem Tag, da ich endlich meine eigenen Sechzig umrundete, war es dann soweit. Ich kleidete mich nett, nicht gerade in Weste und Uhrkette, immerhin in einen Edelknitter, schwarz mit feinen grauen Streifen, Armbanduhr, Marke Arden, also etwas Besseres. So angetan bestieg ich um sieben Uhr dreißig die S-Bahn in Gräfelfing, und da saßen sie, die Fahrschüler! Durchgehend zehn bis elf Jahre alt, eine ganze Klasse, hielten den Wagen bis auf den letzten Platz besetzt, alles nette saubere Jungen, in fröhlichen Farben wie kleine Himbeertörtchen.

Also trat ich ein wenig näher und sah den einen und den anderen und noch einen anderen bedeutungsvoll an. Immerhin auf den Schlag sechzig Jahre alt und voller Erwartung. Aber niemand stand auf. Also trat ich etwas dichter heran, zeigte mich etwas leidend, ein wenig schräg, als ob mich ein Schuh drückte, fixierte ein besonders fröhliches Himbeertörtchen, das auch nicht aufstand, es hielt noch nicht einmal die Augen gesenkt. Vielleicht, daß ich hier an eine doch etwas rüdere Bevölkerungsschicht geraten war?

Also trat ich weiter in den Mittelgang hinein, dicht vor eine Gruppe blasser, ernster Knaben dieses Mal, die, sicherlich aus gutem Hause stammend, eine wohl einsichtsvollere Erziehung genossen hatten. Ganz dicht, man blickte auf meinen Plastikgürtel aus dem Jahr 1948, und es gab auch eine Reaktion: Ein besonders feiner Junge gähnte und streckte sich, so daß ich schon dachte, er würde aufstehen. Sank dann wieder in sich zusammen.

Also beschloß ich, noch zehn Jahre draufzulegen: Hinkte den ganzen Gang hinunter, gebückt mit angezogenen Schultern wie bei einem Bechterew. Dazu stieß ich bei jedem Schritt kleine klagende Laute aus, kleine »oh, oh, oh«, die ich zu meiner Zeit immer als sehr beeindruckend empfunden hatte. Ich wurde sogar blasser, soweit mir das möglich war (und es war mir möglich), richtig weißlich, fast grün. Hinfälliger, glaube ich, konnte ein Mensch gar nicht mehr aussehen. Und da stand ich.

Unbeachtet, allein gelassen, verraten und verkauft. An diesem Tag – ich muß es leider aussprechen – verlor ich mein Weltbild, man versteht, es war eine innere Verletzung, die ich davontrug. Ach ja, das habe ich noch vergessen, auf der nächsten Station – nachdem ich mir die Beine in den Bauch gestanden hatte – stieg ein endgültig altes Männlein ein, konnte mit seinen Aluminiumkrücken nicht mehr gehen, nur so einen Fuß vor den anderen setzen, und es war nicht gebeugt, es war krumm. Mindestens achtzig Jahre krumm: Stand jemand auf? Jemand von den Fröhlichen wie auch Ernsten? Überhaupt irgend jemand?

Das übrigens war der Tag, an dem ich fast nebenher zum ersten Mal in der Zeitung las – ich glaube, es war in der ›Süddeutschen‹ –, daß sie uns noch nicht einmal unsere Rente zahlen wollen. Wozu auch.

Die Liebe

Mein erster Freund hieß Hansi. Er hatte dünnes braunes Haar, große erschrockene Augen und einen kleinen Spitzmausmund, und ich hatte mich in ihn verliebt, als er mir im Bus auf der Heimfahrt von einer evangelischen Jugendfreizeit die Geschichte vom Schulfreund erzählte, der sich vor seinen Augen vom Kölner Dom gestürzt hatte. Wir saßen ganz hinten im Bus. Hansi griff nach meiner Hand und sagte: »Ein Teil der Klasse ist auf den Dom gestiegen, die andern sind unten geblieben, ich auch. Und da kam er plötzlich angesegelt.«

Wir fuhren gerade durch Hagen im Sauerland. Es war sechs Uhr abends, es regnete, und wir waren vierzehn Jahre alt. Den Kölner Dom kannte ich von Postkarten, und Hansi beschrieb jetzt, wie der Körper durch die Luft gefallen war wie ein dunkler Vogel, sich drehte, aufschlug, wie es krachte, das Blut spritzte, die Menschen schrien. »Bis an mein Hosenbein ist es gespritzt«, sagte Hansi, seine Hand war kalt, und ich küßte ihn mitten auf seinen Mäusemund und dachte mir, wie es gewesen wäre, wenn meine dicke Mutter vom Kölner Dom gesprungen wäre.

Ein bißchen grauste mir bei dem Gedanken, aber ich stellte mir das gewaltige Spektakel und die aufregenden Folgen vor. Ich wäre damals meine Mutter sehr gern irgendwie losgeworden. Sie hatte immer schlechte Laune und so eine Art, mir mit nassem Spuckefinger Flecken im Gesicht wegzuwischen, mir beim Waschen zuzusehen und mit mir in einer Sprache zu reden, als wäre ich der Hofhund: »Los, hopp, jetzt aber, ab in dein Zimmer, ich will nichts mehr hören, noch ein Wort, Sonja, und es knallt.« Wenn mich damals jemand fragte: »Was willst du denn mal werden, Sonja?«, antwortete ich meist: »Waisenkind«, und wirklich war das mein größter Wunsch. Ich las alle Bücher, die vom Schicksal der Waisenkinder handelten und beneidete Waisenkinder glühend. Natürlich gab es da zunächst durchweinte Nächte und Qualen des Herzens, aber ich stellte doch rasch fest, daß es später im Leben kaum jemandem so gut ging wie gerade diesen als Kind so unglücklichen Waisen. Reichlich machte ein großherziger Onkel meist die Prügel sadistischer Nonnen im Waisenhaus wieder gut, ein verlockendes Erbe wartete, oder die verstorbene Mutter hatte plötzlich noch eine grundgute Schwester, die sich um das verlassene Kind kümmerte und es großartig behandelte, und aus Waisenkindern wurden in der Regel geachtete, gütige Mitglieder der Gesellschaft, die den Peinigern ihrer Jugend hochherzig verziehen.

So weit wollte ich es allerdings nicht kommen lassen. Verzeihen wollte ich nicht, und sollte ich am Jüngsten Tag meine dicke Mutter im Himmel oder in der Hölle wiedertreffen und sie würde mir mit Spucke im Gesicht herumreiben und sagen: »Wie grauenhaft du immer aussiehst, Sonja«, dann würde ich mich abwenden wie einst Jesus von Maria und sagen: »Weib, was habe ich mit dir zu schaffen?« Meine Mutter war sehr blond, sehr stabil und kerngesund. Mein Vater trieb sich mit jungen Brünetten herum, war sportlich und trank Sekt für seinen Kreislauf. Die Aussicht, Waisenkind zu werden, war gering.

Außer Waisenkind wäre ich am zweitliebsten tot gewesen. Oft hielt ich die Luft an, bis ich schon ganz blau im Gesicht wurde, aber im letzten Moment kam mir immer das Atmen dazwischen. Einmal habe ich mich auf die Zugschienen gelegt und mir vorgestellt, wie die Familie weinend an meinem Sarg stehen und endlich begreifen würde, daß ein Kind auch ein Mensch ist, aber es kam kein Zug, und schließlich war es mir zu kalt geworden. Der Sturz mit verbundenen Augen von der steinernen Kellertreppe brachte zwei Klammern im Kinn, ein zerschmettertes Knie, drei Wochen Krankenhaus und ein paar Ohrfeigen von meiner Mutter, die sich wieder einmal darin bestätigt sah, daß ein Kind ein emanzipiertes Frauenleben gründlich und für alle Zeit verdirbt.

Hansi erzählte mir die Geschichte vom Kölner Dom noch vier-, fünfmal, dann wurde es langweilig, und ich verliebte mich in Rölfchen. Rölfchen war klein, kräftig, hatte strahlendblaue Augen und roch so gut, daß ich später im Leben einmal mit einem Mann für eine Nacht mitgegangen bin, nur weil er genauso roch. Damals wußten wir von solchen Leidenschaften noch nichts, aber ich schnupperte an Rölfchens Hals, und er küßte mich und sagte: »Du riechst aber auch toll«, und das waren dann die Pröbchen aus der Drogerie – »Je reviens« oder »Soir de Paris«.

Rölfchen und ich saßen nachmittags in unserem Wohnzimmer, weil meine Eltern berufstätig waren. Wir hörten Radio und tranken Eckes Edelkirsch aus geschliffenen Likörgläsern, rauchten Muratti Kabinett und lasen uns aus ›Vom Winde verweht‹ die Stelle vor, wo Rhett Butler Scarlett O'Hara auf seinen starken Armen die Treppe hochträgt. Und dann? Wir waren so sehr auf der Suche nach der Liebe, und wenn meine Mutter abends von der Arbeit kam, hatte ich verräterische hochrote Wangen. Der Aschenbecher war gespült, die Gläser standen im Schrank, das Zimmer war gelüftet, aber sie sagte: »Mir machst du nichts vor, Sonja, hüte dich«, und beauftragte Frau Markowitz zu kontrollieren, wen ich tagsüber mit nach oben brächte. Frau Markowitz wohnte Parterre links und hatte immer die Wohnungstür angelehnt, um mitzukriegen, was im Haus so vor sich ging. Wir warteten im Kellereingang, bis ihr Mann einen Hustenanfall bekam und sie an sein Bett lief, dann konnten wir schnell an ihrer Tür vorbei nach oben huschen. Gregor Markowitz hatte sich auf Zeche Helene Amalie eine Staublunge geholt und starb nun schlechtgelaunt zu Hause vor sich hin. Er brüllte seine Frau an und schlug sie, wenn sie in Reichweite war, um sich für irgendwas zu rächen. Und sie rächte sich an mir, indem sie meiner Mutter sagte: »Ich glaube, die Sonja sitzt mit so einem Bengel halbe Tage da oben allein, richtig ist das nicht, oder? Und wenn ich klingel, machen sie nicht auf.«

Ich gewöhnte mir damals an, nicht mehr zurückzuzucken, wenn die Hand meiner Mutter niedersauste, ich weinte auch nicht mehr. Ich hielt ganz still und dachte: das kriegt sie alles wieder, und ich träumte von der Liebe. Es MUSSTE sie einfach geben, das sah man ja an Rhett Butler und Scarlett O'Hara, und mit Rölfchen fühlte ich mich auch sehr wohl – aber war das schon die Liebe?

Meine Freunde wechselten in rascher Folge, ich legte auch Kußlisten an. Ich war ganz rasch bei Nr. 36, denn ich küßte, was mir in die Quere kam – ein Pfarrerssohn war dabei und ein Drogist, ein Angestellter in einer Eisenwarenhandlung, der achtzehn Jahre älter war als ich, und ein Franzose mit einem grünen und einem braunen Auge, den ich in der Jugendherberge kennenlernte. Beim Jahreswechsel übertrug ich die Kußdaten mit den dazugehörigen Initialen in mein neues Tagebuch. Leider konnte ich die Namen nicht ausschreiben, denn es gab nichts zum Abschließen, und meine Mutter schnüffelte hinter allem her und las auch mein Tagebuch, wann immer sie es fand. Deshalb wußte ich schon im Februar nicht mehr, wer am 14. August P. W. gewesen war – vielleicht der Schwammhändler aus Bremen, den ich in der »Venezia«-Eisdiele kennengelernt hatte und mit dem ich in ›Toxi‹ war? Nach dem Film ›Toxi‹ wäre ich übrigens sehr gern auch Negerkind geworden, ein interessantes, tragisches Schicksal, das mit Verkennung und Verachtung beginnt und mit Liebe endet – aber Negerkind zu werden war natürlich völlig aussichtslos, dann schon eher Waise, aber inzwischen wollte ich eigentlich auch nur noch so rasch wie möglich erwachsen werden, viel Geld verdienen, von zu Hause weggehen, nie mehr wiederkommen und endlich die Liebe kennenlernen.

Meine Mutter sagte immer: »Hör du bloß auf mit deinen saublöden Liebesgeschichten und mach lieber deine Schularbeiten.« Die Liebe, behauptete sie, sei ein Scheißdreck, ein einziger gigantischer Schwindel, und ich solle mir doch nur meinen Vater ansehen.

Ich hatte selten Gelegenheit dazu, mir meinen Vater anzusehen – er war fast nie da. Ich hörte ihn manchmal leise heimkommen, wenn ich schon im Bett lag und im dunklen Zimmer davon träumte, wie wunderbar das Leben werden würde, wäre ich nur hier erst raus. Morgens, wenn ich zur Schule ging, waren meine Eltern beide schon weg. Mein Vater ging ganz früh aus dem Haus, und meine Mutter kam in Hut und Mantel kurz vor sieben Uhr in mein Zimmer, riß die Fenster weit auf, zog mir die Bettdecke weg, steckte sie in den Kleiderschrank, drehte das Licht an und sagte: »Raus aus dem Bett. Sieben Uhr. Ich geh jetzt.« Danach knallte die Wohnungstür, weg war sie, und ich blieb noch einen Augenblick frierend liegen und versuchte, meine Füße unter mein Nachthemd zu stecken. Dann wurde es mir endgültig zu kalt, ich stand auf und wusch mich in der Küche. Nebenher aß ich das Leberwurstbrot, das meine Mutter mir hingelegt hatte, und dann ging ich zur Schule. Sonntags war mein Vater manchmal zu Hause. Er lag dann auf dem Küchensofa, eine Zeitung über dem Gesicht, wohl um uns nicht sehen zu müssen, und hörte die Sportberichte im Radio. Ich saß am Tisch über meinen Schulaufgaben, aber in Wirklichkeit schielte ich zu ihm hin – er hatte schöne kleine Hände und trug auch im Haus immer tipptopp gebügelte, blauweiß gestreifte Hemden, die er in einer Wäscherei waschen und bügeln ließ, weil meine Mutter sagte: »Sonst noch was.« Einmal hatte er sie gebeten, ihm einen Knopf anzunähen, und sie hatte geantwortet: »Laß das doch eins von deinen Flittchen machen«, und damit war der Fall ein für allemal erledigt. Manchmal kitzelte ich meinen Vater am Fuß – er trug immer dunkelblaue Baumwollsocken –, und dann wackelte er mit den Zehen und sagte unter seiner Zeitung hervor: »Wer kann das wohl gewesen sein?«, und meine Mutter zog mich an den Haaren und sagte: »Laß das gefälligst.« Sie klapperte möglichst laut in der Küche herum, und schließlich nahm er die Zeitung vom Gesicht, zwinkerte mir kurz zu, seufzte, zog seine Schuhe wieder an und ging. Ich sah ihn selten, aber er roch gut, war freundlich mit mir und schlug mich nie. Ich weiß noch, daß mein Vater, obwohl er eher klein und zierlich war und schütteres Haar hatte, eine unerklärlich starke Wirkung auf Frauen ausübte – sie sahen ihn jedenfalls entzückt an, fanden ihn charmant und sagten: »Walter, was du für schöne blaue Augen hast.« Auf meine Mutter hatte er diese Wirkung natürlich nicht, oder vielleicht nicht mehr, denn irgendwann muß da ja mal was gewesen sein, dachte ich, sonst könnte es mich doch nicht geben. Aber als ich einmal an einem ziemlich friedlichen Abend, als im Radio ein Hörspiel mit René Deltgen lief, dessen Stimme meine Mutter mochte, so ganz nebenbei die Frage stellte: »Du und Papa, habt ihr euch eigentlich früher geliebt?«, da stand meine Mutter abrupt auf, drehte das Radio aus und sagte:

»Marsch ins Bett, Sonja, und keine blöden Fragen bitte.«

In dieser Familie bekam man einfach nichts erklärt, und die Liebe war hier gänzlich unbekannt, soviel war mir inzwischen klar.

Eines Sonntagnachmittags kam ich aus der Eisdiele, wo ich einen rothaarigen Geiger geküßt hatte, und schon von weitem sah ich, daß bei unserem Haus etwas los war. Aus dem zweiten Stock, wo wir wohnten, flogen Gegenstände auf die Straße: ein paar Schuhe, der eine hierhin, der andere dorthin, eine Jacke breitete ihre Ärmel aus und trudelte zu Boden, eine Hose mit flatternden Beinen folgte, ein paar gefaltete, gebügelte Hemden kamen nach. Unten stand mein Vater, sammelte alles auf und rief: »Hilde, nun laß es doch!«, und oben sah ich die Hände meiner Mutter, wie sie Socken und Unterwäsche aus dem Fenster schleuderten, und ich hörte ihre Stimme: »Laß dich ja nicht mehr hier blicken!« Die Markowitz stand bei meinem Vater, half ihm aufsammeln und sagte: »Mein Gott, so vor allen Leuten, die hat sie ja nicht alle, Ihre Frau«, und mein Vater sagte, als ich näher kam: »Sonja, geh ins Haus.« Ich blieb aber stehen und sah zu, wie er die Sachen in sein Auto trug, sie auf den Rücksitz warf und einstieg. Dann kurbelte er noch mal das Fenster runter, sah mich an mit seinen blauen Augen, grinste ein bißchen und sagte: »Das war's dann wohl. Sie will es ja nicht anders. Laß dich nicht unterkriegen, Sonja, ich komm ab und zu mal vorbei.«

Er fuhr ab, und ich habe ihn erst acht Jahre später wiedergesehen, als er tot und blau angelaufen in der Leichenhalle aufgebahrt lag und eine junge Frau um ihn weinte und seine Hand hielt. Als ich dazukam, zog sie ihm den Siegelring ab, den er von seinem Vater geerbt hatte und immer am kleinen Finger trug, gab ihn mir und sagte: »Der ist für dich.« Jahre später habe ich diesen Ring in einem Hotel liegenlassen und nicht wieder zurückbekommen.

Mein Vater hatte uns nun also verlassen, und kurz darauf wurde meine Mutter krank und mußte für Wochen in eine Klinik. »Waisenkind!« dachte ich, aber inzwischen war das Zimmer meines Vaters schon an eine Lehrerin vermietet, die Befehl hatte, auf mich aufzupassen. Die Lehrerin hatte ein Verhältnis mit einem verheirateten Mann, das sie so in Anspruch nahm, daß das Aufpassen ziemlich flüchtig ausfiel. Er kam nur am Wochenende – er lebte in einer anderen Stadt –, und dann gingen sie von Samstag auf Sonntag in ein Hotel. Das hatte meine Mutter sich ausbedungen – »Wegen dem Kind«. In der Zeit saß ich in ihrem Zimmer und las die Briefe, die der verheiratete Mann ihr schrieb und mit denen sie sich Abend für Abend zurückzog, nie ohne zwei Flaschen Wein dazu zu trinken. Die Briefe waren zwischen ihrer Wäsche versteckt und mit Schreibmaschine geschrieben, deshalb konnte ich sie leicht lesen. »Mein Hase«, schrieb er, »mein einziger Hase, du, mit deinem weichen Fell, an das ich denke und in das ich meine Nase stecken möchte.« Die Lehrerin hatte struppiges braunes Haar, das nicht nach Hasenfell aussah, aber wahrscheinlich verdrehte die Liebe die Tatsachen.

Leider wurde meine Mutter wieder gesund und schlug zu wie eh und je. Sie und die Lehrerin saßen stundenlang abends in der Küche und redeten über die Männer, und der Geliebte brachte an den Wochenenden scheußliche Geschenke mit – langstielige Nelken mit Zittergras, ein Pfund Bohnenkaffee, ein ›Westermanns Monatsheft‹ von Borkum oder eine große Flasche Uralt Lavendel, die die Lehrerin meiner Mutter schenkte, weil sie dagegen allergisch war. Meine Mutter, die extrem geizig war, hatte eine Schublade, in der solche Geschenke verschwanden und bei Gelegenheit weiterverschenkt wurden. Weihnachten sagte dann Tante Gerta angesichts der Flasche Uralt Lavendel: »Mein Gott, Hilde, das wär doch nicht nötig gewesen«, und meine Mutter sagte: »Laß nur, Gerta, es ist ja schließlich Weihnachten.«

Tante Gerta lebte allein und hatte nie einen Mann gehabt. In meiner ganzen Familie gab es nicht eine einzige richtige Ehe: der Mann von Tante Rosi war im Krieg gefallen, Onkel Otto war

Witwer, Tante Maria saß im Rollstuhl, und Onkel Hermann mußte sie waschen und füttern. Meine Kusine Ludmilla hatte ein uneheliches Kind von einem Rechtsanwalt und lebte bei Tante Rosi, und Onkel Heinz und Tante Tussi redeten seit Kriegsende nicht mehr miteinander. Sie schrieben sich manchmal unumgänglich wichtige Mitteilungen wie »Neuer Krankenschein fällig« oder »Heizung ist kaputt« auf kleine Zettel, aber sie hatten beschlossen, aus welchem Grund auch immer, nie mehr miteinander zu reden und halten das, glaube ich, noch heute durch. Aber vielleicht sind sie auch inzwischen tot, ich weiß es nicht, ich habe zu dieser Familie keinen Kontakt mehr.

Die Liebe war also da nicht zu finden für ein inzwischen fast fünfzehnjähriges Mädchen – aber dann kam James Dean.

Nein, vor James Dean kam Irma, und Irma war meine erste richtige Freundin.

Irma war aus Tübingen in unsere Stadt gekommen und in meiner Klasse gelandet, bei diesen dummen reichen Mädchen und den häßlichen alten Lehrerinnen, die uns mit Linealen auf die Arme schlugen und von ihren Verlobten träumten, die allesamt im Krieg gefallen waren. Irma setzte sich neben mich, und wir verstanden uns vom ersten Tag an. Wir konnten über alles miteinander reden, über das Leben und die Liebe, über Gedichte und Katzen, über die Schule und das Älter-

werden und warum man einen Busen haben mußte und über die Träume, die wir für unser Leben
hatten. Nur über meine Probleme mit meiner
Mutter konnte ich mit Irma nicht reden, denn
immer wenn ich damit anfing, riß sie die Augen
auf und sagte: »Aber es ist doch deine MUTTER!«
Ich konnte ihr einfach nicht klarmachen, daß das
nichts bedeutete und daß ich es mit einem Feind
zu tun hatte. Irmas Mutter war ganz anders. Sie
war jung und immer gutgelaunt, lag bis mittags im
Bett, trank Kaffee, rauchte und las Illustrierte. Oft
ging ich nach der Schule mit Irma nach Hause –
bei uns war ja sowieso nie jemand –, und dann rief
sie: »Was, verdammt, ist das schon wieder so
spät?« Sie gab Irma einen Kuß und mich ließ sie
an ihrer bernsteinfarbenen Zigarettenspitze ziehen. Dann stieg sie seufzend aus dem Bett, reckte
sich, gähnte laut und verschwand im Bad, von wo
wir sie laut singen hörten: »Solang noch nicht die
Hose am Kronleuchter hängt, sind wir noch nicht
richtig in Schuß, solang noch nicht die Hose am
Kronleuchter hängt, da schmeckt uns kein Sekt
und kein Kuß!« Irma und ich brieten uns in der
Küche Spiegeleier, und auf dem Tisch saß die dik-
ke Katze Pepi und leckte die Teller blank. Meine
Mutter haßte Tiere, und bei uns zu Hause wurde
nicht geküßt, nicht geraucht und nicht gesungen.
Irgendwann kam dann Irmas Mutter aus dem Bad
und rief: »Na?« und stemmte die Hände in die

Hüften. Sie sah toll aus: sie trug ein geblümtes Kleid, hatte die Haare hochgesteckt und hochhakkige Schuhe angezogen, sie war geschminkt und roch nach Puder und Parfüm. So wollte ich auch werden, wenn ich nur endlich erwachsen wäre. Irmas Mutter setzte einen Hut auf, nahm eine Tasche und ging zum Einkaufen, und Irma und ich lagen auf dem Wohnzimmerteppich und redeten über die Liebe. Irma träumte von einem ganz besonderen Mann, mir war jeder recht, der mich von zu Hause weggeholt hätte, und wenn Irmas Mutter vom Einkaufen zurückkam, fragten wir sie über die Männer aus. Sie lachte und sagte: »Liebe macht schön!« oder »Männer sind eine wunderbare Angelegenheit«, aber das brachte uns auch nicht weiter. Dann zog sie das geblümte Kleid aus und einen violetten Morgenrock aus Satin an, steckte sich eine neue Zigarette in die bernsteinfarbene Spitze und spielte mit uns Karten. Pepi lag auf ihrem Schoß und schnurrte, und ich fragte: »Können Sie mich nicht adoptieren?« Aber abends mußte ich wieder nach Hause, zu Wirsing durcheinander mit Mettwurst. Meine Mutter kochte immer für den Tag vor, und ich hatte nur dafür zu sorgen, daß die Sachen rechtzeitig im Klo verschwanden, ehe sie von der Arbeit kam. Dabei mußte man aufpassen, daß die Mettwurst- oder Speckstückchen nicht oben schwammen, aber ich hatte schon Routine, und es sah immer so aus, als hätte ich alles aufgegessen. Meine Mutter sah zufrieden in die leeren Töpfe und sagte. »Na bitte, es geht doch!«, und ich dachte: »Wenn du wüßtest. Es geht eben nicht.« Und dann ging ich früh ins Bett, um zu lesen, aber auch, damit wir nicht wieder Streit bekamen. Ich las alle Bücher, in denen etwas mit Liebe vorkam, besonders aufmerksam, aber es war kein System zu erkennen, wie Liebe denn nun funktionierte. Irmas Mutter lachte über uns und fand, wir könnten uns ruhig noch ein bißchen Zeit lassen, das käme alles früh genug, »und hoffentlich«, sagte sie einmal, »verliebt ihr euch nicht mal in denselben, sonst gibt es Mord und Totschlag!« So ähnlich kam es dann ja auch, aber ohne Mord und Totschlag, und trotzdem blieb ich allein zurück.

Bei Irma zu Hause gab es keinen Vater. Er war aber nicht eines Tages einfach verschwunden, es hatte nie einen gegeben, und aus Irmas Mutter war nichts herauszukriegen. »Aus und vorbei«, war ihr einziger Kommentar, wenn Irma danach fragte. »Du hast mich, mein Schatz, das muß dir genügen.« – »Waren Sie denn in ihn verliebt?« fragte ich, und sie verdrehte die Augen, nahm einen Schluck Kaffee und sagte: »Das will ich meinen.« – »Wenn es wirklich die Liebe ist«, fragte ich, »woran merkt man das denn dann?« – »An allem«, sagte sie und sah lange aus dem Fenster.

Eines Nachmittags im April 1955 ging Irmas Mutter mit uns ins Kino. Es war ein Mittwoch, es war sechzehn Uhr, das Kino hieß Lichtburg und der Film ›Jenseits von Eden‹. In dem Film kämpften zwei Brüder um die Liebe ihres Vaters und um die Liebe eines Mädchens namens Abra. Der eine der beiden Brüder hieß Cal, und wir hielten zwei Stunden lang die Luft an. Hier war sie, endlich, hier war die Liebe: Cal hatte ein Gesicht, weich und hochmütig, verletzlich, reizbar, mürrisch, sensibel, er konnte weinen und war doch ein Mann, der schönste Mann, den wir je gesehen hatten, und auch der erste neben all den Jungen, die wir küßten und kannten. Als wir aus dem Kino kamen, waren wir keine kleinen Mädchen mehr, und Irmas Mutter wischte sich die Augen, atmete tief und sagte: »Das war James Dean.«

An diesem Abend ging ich nicht nach Hause. Ich saß mit Irma in der dunklen Küche, während ihre Mutter längst schlief, und wir redeten über Cal, wir wollten einen Bruder, einen Liebsten, einen Freund, einen Vater wie ihn. Wir weinten und liefen hin und her, wir entwarfen einen Brief an ihn, wir verfluchten Aron und den Vater, der nichts, nichts verstand, wir waren erschüttert, überwältigt, verliebt, getröstet: das, wonach wir immer gesucht hatten, gab es, gleichgültig, ob auf einer Kinoleinwand oder irgendwo in Amerika – es gab diesen James Dean, und er stand vielleicht gerade an eine Wand gelehnt, hatte die Augen geschlossen und fühlte und dachte dasselbe wie wir.

Ab sofort interessierten uns die Jungen aus der Schule, aus der Eisdiele, aus der Tanzstunde nicht mehr, die wie eckige Kälber um uns herumstanden, und als mein derzeitiger Freund Christian mir einen selbstgehämmerten flachen Kupferring mit seinen Initialen schenkte, trug ich ihn zwar, ritzte aber innen mit einer Nagelschere J. D. ein und erzählte das nur Irma. Irma wurde immer stiller. Sie verzehrte sich nach James Dean, aber ich hatte eher das Gefühl, nach James Dean als Vater, während ich ihn mir vorstellte als Liebhaber à la Rhett Butler, der mich schwindelnde Treppen hochtrug, und unten stand meine Mutter und schrie: »Was machen Sie da mit meiner Sonja?«, und James Dean drehte sich um und sagte: »Das ist nicht Ihre Sonja, Madame, das ist jetzt meine Sonja.« Solche Träume machten mich glücklich, aber Irma träumte anders. Sie war nicht mehr zufrieden nur mit ihrer Mutter, sie wollte immer mehr über ihren Vater wissen, und eines Tages, als wir Pfannkuchen mit Zucker und Zimt buken, sagte Irmas Mutter leichthin: »Also, dein Vater war ein bißchen so wie James Dean. Etwas größer, aber so die Art. Wir waren nur einen Abend zusammen, und danach habe ich ihn nie wiedergesehen.« Sie stand am Herd, drehte sich um und hatte ganz dunkle Augen. »Irma«, sagte sie, »ich versprech dir, daß ich dir das alles ganz genau erzähle. Aber noch nicht jetzt. Bitte.« Und wir sagten nichts mehr und würgten an den Pfannkuchen herum, oh, hätte sie doch nicht gesagt, der Vater sei ihm ähnlich gewesen ...

In Filmzeitungen verfolgten wir die Affären und Liebesgeschichten von James Dean, die Dreharbeiten von ›... denn sie wissen nicht, was sie tun‹ und ›Giganten‹. Wir versuchten, wie Natalie Wood, Liz Taylor oder Pier Angeli auszusehen, und wir gingen mehr als zehnmal in ›Jenseits von Eden‹ und kannten jeden Satz.

Stundenlang spielten wir mit verteilten Rollen die Szenen aus dem Film nach, die uns am tiefsten beeindruckt hatten – wie Cal dem Vater ein Geschenk macht, und er nimmt es nicht an, wie Cal zum erstenmal die Mutter trifft und sie ihn fragt: »Was willst du eigentlich?« Das wissen Mütter ja wohl nie, die Mutter spielte ich, da kannte ich mich aus, und ich spielte auch Cal und lehnte mit mürrischem Gesicht, die Schultern hochgezogen, an der Wand, schräg von unten nach oben gukkend, ein zaghaftes Grinsen im Gesicht. Irma war Abra und der Vater, der über Cal sagte: »Ich verstehe ihn nicht, ich habe ihn nie verstanden«, und dazu setzte ich mein schmerzlichstes Stirnrunzeln auf und knurrte: »Hamilton, bestellen Sie meiner Mutter, daß ich sie hasse.« Ich war auch Aron, der gute Bruder, obwohl mir der nicht so lag, aber wir brauchten ihn für die Szene, in der er Abra-Irma erzählt, daß seine Mutter gleich nach der Geburt gestorben war, und Irma hauchte mit schmelzender Stimme: »Es muß furchtbar sein, wenn man keine Mutter gehabt hat.« – »Nein«, sagte ich, »es muß toll sein. Es ist furchtbar, wenn man eine hat.« Und Irma fing an zu weinen und sagte: »Das gehört nicht zum Film, und du weißt gar nicht, wie furchtbar es ist, nie einen Vater gehabt zu haben.« Unsere Lieblingsszene war die Schlußszene, Abra und Cal am Sterbebett des Vaters, der noch im letzten Moment endlich vernünftig wird und merkt, was er an seinem Sohn Cal hat – ich hatte da in bezug auf meine Mutter nur wenig Hoffnung. Den Vater mußte Katze Pepi spielen und ganz still im Körbchen liegen, und wir beide knieten davor und umarmten uns und schluchzten, und Irma-Abra sagte: »Vielleicht ist die Liebe ja so, wie Aron sie sieht, aber es muß doch auch noch mehr dran sein ...«, und ich stand dann auf, lehnte mich wieder an die Wand, so wie dann auch Jett Rink später in ›Giganten‹ lehnen sollte, und sagte düster: »Ich brauche überhaupt keine Liebe mehr, es kommt nichts dabei heraus. Wozu die Aufregung? Es lohnt sich nicht.«

Meist heulten wir dann beide ein bißchen, und Irma sprach über ihren Vater und ich über meine Mutter, und schließlich mußte ich nach Hause, wo meine Mutter mit der Lehrerin in der Küche saß,

Reibekuchen aß und sagte: »Ach, kommt das Fräulein auch noch mal? Ich möchte wissen, wo du dich neuerdings dauernd rumtreibst, du wirst noch genau wie der Alte«, und ich zitierte Cal und sagte bitter: »Du hast recht, ich bin schlecht, das weiß ich schon lange.« Meine Mutter war verblüfft und beschwerte sich bei der Lehrerin, sie würde aus mir nicht mehr schlau, und die Lehrerin meinte, das sei nur die Pubertät und das würde sich geben. An mir prallte alles ab, seit ich wußte, daß es in anderen Familien genauso schlimm zuging wie bei uns, seit ich wußte, daß es James Dean gab.

Irmas Mutter machte sich Sorgen, weil Irma so in James Dean verliebt war, noch mehr als ich. Ich hatte irgendwie das Gefühl, James Dean zu SEIN – zu mir sagte auch dauernd jemand »Wie du wieder aussiehst!« oder »Ich versteh dich einfach nicht« oder »Mit dir hat man nur Ärger«, aber Irma hatte angefangen, ihr Leben geradezu nach James Dean auszurichten. Sie schrieb ihm täglich Briefe, sie begann ein Tagebuch, nur für ihn, sie paukte Englisch, um mit ihm reden zu können, wenn sie ihn in Amerika treffen würde, denn natürlich sparte sie jeden Pfennig für eine Reise, um ihn zu suchen und zu besuchen. Ich hatte das Gefühl, sie war fest entschlossen, ihn irgendwie heimzuholen in die Familie, in die er gehörte.

Am 30. September 1955 um siebzehn Uhr fünfundvierzig verunglückte James Dean tödlich in seinem Porsche. Damals gab es kein Fernsehen für schnelle Meldungen, zumindest hatte niemand in unserer Bekanntschaft einen Fernsehapparat. Radio hörten wir Kinder nur Mittwoch abends, wenn Chris Howland Harry-Belafonte-Platten spielte, und Zeitung lasen wir auch nicht. Ein, zwei Tage später muß es gewesen sein, daß mir in der Eisdiele plötzlich jemand sagte: »Hast du schon gehört, James Dean ist tot.« Ich werde nie vergessen, wie dieser Satz auf mich wirkte, ich glaube, daß ich nie in meinem Leben entsetzter, versteinerter, verzweifelter war als in diesem Augenblick – nicht, als mein Vater starb, nicht, als Jahre später am Heiligabend unser Haus abbrannte, weil meine Mutter gegen den Weihnachtsbaum getreten und ihn umgeworfen hatte, nicht, als ich meine Sachen packte und für immer ging – nie wieder war ich von einer so bodenlosen Traurigkeit. »James Dean ist tot.« Ich glaubte es auch sofort, zweifelte nicht daran, fühlte geradezu, daß er weg war, für immer, es wunderte mich nicht bei einem wie ihm. Immer habe ich die Tatsache, daß ich inzwischen über vierzig Jahre alt geworden bin, als persönliches Versagen empfunden. Als ich wieder einen anderen Gedanken als »aus weg vorbei nie wieder« denken konnte, dachte ich: Irma. Es war spät am Abend, weder sie noch ich hatten Telefon, ich mußte bis zum nächsten Morgen warten. In dieser Nacht schlief ich nicht, ich saß auf einem Stuhl am Fenster und sah den Betrunkenen zu, die aus der Kneipe gegenüber torkelten. Ich hätte mich auch gern betrunken, um in so einen Zustand weicher Fallmüdigkeit zu gelangen, um zu lallen, zu fallen, nichts mehr zu fühlen und zu wissen. Ich schlich mich an den Wohnzimmerschrank mit der beleuchteten Bar und holte mir die Flasche Sherry. Es schmeckte mir nicht, aber es tat gut, wärmte, machte ein Wattegefühl im Kopf und eine pelzige schwere Zunge, und ich weiß nur noch, wie mich meine Mutter am Morgen fand, ich höre noch ihr Gezeter, fühle, wie sie mich hochreißt und ins Bett schiebt, dann muß ich lange tief geschlafen haben. Als ich wieder zu mir kam, war später Nachmittag und niemand zu Hause. Ich stand auf und wackelte ein wenig, ich fror, mir war schlecht, und ich wollte unbedingt ins Freie. Ich zog mich an, als wäre tiefster Winter, dabei schien die Herbstsonne, und das Laub fiel langsam von den Bäumen. Ich trat ein paar Kastanien vor mir her und dachte immer nur: »Was soll ich denn jetzt machen?« Das Leben konnte doch nicht einfach so weitergehen wie vorher? Der pickelige Holger aus der Parallelklasse kam mir auf dem Fahrrad entgegen, und ich betete, daß er mich nicht ansprechen möge, nicht der, nicht jetzt, aber natürlich bremste er scharf, stellte einen Fuß auf den Boden und sagte: »Ey, Sonja, hast du schon das von Hansi gehört?« Ich war an

Hansi längst nicht mehr interessiert, fast war es mir sogar peinlich, eine Zeitlang mit ihm gegangen zu sein, wie man das damals nannte. Hansi war ein seltsamer Kauz, der mitten in Gesprächen plötzlich laut auflachte oder in Tränen ausbrach, und jedem erzählte er seine Geschichte mit dem Kölner Dom, wir konnten es schon alle nicht mehr hören. Ich ging einfach weiter, kickte eine Kastanie und überlegte, ob Irma wohl zu James Deans Beerdigung fahren und ihm all die Briefe und das Tagebuch ins Grab werfen würde, und die Tränen liefen mir übers Gesicht, ohne daß ich wußte, warum. »Ey«, sagte Holger, »heulst du wegen Hansi?« Ich schüttelte den Kopf und fragte, um ihn abzulenken oder loszuwerden oder einfach nur quatschen zu lassen, damit ich meine Ruhe hatte: »Was ist mit Hansi?« – »In die Klapsmühle haben sie ihn gebracht«, sagte Holger, »mit Blaulicht, gerade vor zwei Stunden. Er ist total durchgedreht, und weißt du, warum?« Armer Hansi, dachte ich, aber es wunderte mich auch nicht, seine kalten Hände, der kleine Mäusemund, die furchtsamen Augen – ganz normal war er wirklich nicht gewesen, genau deshalb hatte er mir ja damals irgendwie auch ganz gut gefallen. Ich zog den Ring mit den Initialen von Christian und James Dean vom Finger und ließ ihn heimlich in einen Gully fallen. »Warum?« fragte ich, und Holger sagte: »Man glaubt das überhaupt nicht, ist aber echt wahr, ey, direkt vor

Hansi ist in der Gerswidastraße jemand vom Dach gesprungen, direkt vor seiner Nase, er soll ganz voll Blut gewesen sein, und dann soll er nicht mehr aufgehört haben zu schreien, bis sie ihn abgeholt haben. Zweimal im Leben so was, das ist ja auch ein Ding, oder?« Ich hatte plötzlich ganz weiche Knie und konnte nicht mehr stehen. Ich faßte nach Holgers Rad, lehnte mich an den Gepäckträger, und Holger sagte: »Was ist mit dir, du stinkst vielleicht nach Schnaps, bist du etwa besoffen?«

Endlich konnte ich kotzen und kotzte direkt auf Holgers Schuhe. Holger schmiß sein Rad hin und schrie und fluchte, rieb die Schuhe am Herbstlaub ab und krakeelte hinter mir her, aber ich ging oder torkelte oder bewegte mich irgendwie weiter und dachte immer nur: »Lieber Gott, wenn es Dich gibt: neinneinnein, bitte: nein.«

Aber es war Irma gewesen. Ich wußte es ja auch. Irma war auf den Speicher des Hauses Gerswidastraße 89 gegangen, in dem sie mit ihrer Mutter lebte, war durch ein Speicherfenster geklettert und in die Tiefe gesprungen, fünf Stockwerke eines Altbaus aus dem vorigen Jahrhundert sind hoch genug, um ein solches Vorhaben gelingen zu lassen. Sie hatte keinen Brief hinterlassen, kein Tagebuch, nichts.

Ich bin nicht zur Beerdigung gegangen, und Irmas Mutter habe ich nur noch einmal von weitem gesehen, zwei Jahre später. Sie trug keinen

Hut und kein geblümtes Kleid. Ich kam gerade aus dem Kino und hatte ›… denn sie wissen nicht, was sie tun‹ gesehen, in dem James Dean Jim Stark spielt. Als der kleine Plato ihn fragt: »Wann, glaubst du, wird das Ende der Welt kommen?«, antwortet Jim: »Nachts. Oder im Morgengrauen.« Aber Jim weiß es auch nicht genau, nichts weiß er genau, wie auch ich nichts genau wußte und nur fühlte: alles läuft falsch, das Leben geht einen Weg mit mir, den ich nicht gehen will. Jim schreit seinen Vater an: »Ich möchte jetzt eine Antwort!«, und der Vater sagt: »In zehn Jahren blickst du zurück und wirst über dich selbst lachen.« Zehn Jahre sind längst um. Ich lache nicht.

Drahtlos

Es ist bekannt, daß in keinem anderen europäischen Land soviel drahtlos telefoniert wird wie in Italien. Ununterbrochen wird Gewichtiges mitgeteilt und das mit so kummervoll ernsten Gesichtern, daß ich jedesmal denke, es muß eine schreckliche Katastrophe passiert sein, die noch in keiner deutschen Zeitung zu lesen war. Sofort schalte ich Radio und Fernsehen ein, aber nichts deutet auf etwas hin, was ich nicht schon gelesen habe. Trotzdem, ich bin nervös. Ich muß hinaus. Und dann – na bitte, gleich zehn drahtlos telefonierende Menschen im Restaurant um die Ecke. Ich werde unsicher. Endlich kommt eine Freundin herein, die Italienisch versteht. Ich bitte sie, mir die Worte des drahtlos telefonierenden Herrn am Nachbartisch zu übersetzen. Man sieht, wie er hektisch auf einem Zettel Daten notiert. Er brüllt derart laut in den Hörer, daß man sich gar nicht anstrengen muß, ihn zu belauschen. Wutausbrüche folgen einer Geste aus der Stummfilmzeit: verdrehte Augen als Ausdruck verzweifelter Ungeduld.

»Er fragt seine Frau«, erklärt die Freundin an meinem Tisch und unterdrückt mühsam ein Lachen, »was sie am Abend kochen wird, da er zwei Kollegen mitbringen will, die mit ihnen den Fernsehabend verbringen möchten.«

Als wir am nächsten Tag zusammen ins Kino gehen, hören wir aus der Reihe hinter uns zornige Schreie einer Frau. Sie könne nichts verstehen bei dieser lauten Filmmusik, und er solle doch endlich begreifen, daß die Wäsche bei sechzig Grad Celsius, ja, sechzig Grad, gewaschen werden muß.

Seither genieße ich geruhsam meinen Urlaub und habe keine Sorge mehr, wenn ich an einem drahtlos telefonierenden Menschen vorbeigehe. Bestimmt geht es wieder um 60°-Wäsche, denke ich und finde all die besorgten Gesichter verständlich, denn bei 60° C kann in der Tat eine Katastrophe passieren.

Carlotta

Das Kind, das ich nicht habe, heißt Carlotta. Sie ist sechs Jahre alt und geht in die erste Klasse. Für mich muß Carlotta im Schulalter sein, aber ich will, daß sie noch jung genug ist, um kleine Hände zu haben; anatomische Wunder im Taschenformat. Carlotta hat große braune Augen, und ihre Haut ist cappuccinofarben. Es ist mir noch nicht klar, ob Carlotta sich zu einer großen Schönheit entwickeln wird. An den Ohren trägt sie filigrane Goldringe.

Um zwanzig vor drei würde ich das Haus verlassen und zu Carlottas Schule gehen. Viele Mütter und ein paar Väter warten dort auf ihre Kinder. Auch ein paar grellbunt gekleidete Nannies aus Jamaika sind da, um ihre blonden Schützlinge in Empfang zu nehmen. Vielleicht würde ich lächeln, einigen dieser Eltern und Betreuer grüßend zunikken, aber ich würde mich nicht an den Gesprächen beteiligen. Wenn die Schulglocke läutet und die Kinder wie Flutwellen aus den Türen wogen, findet Carlotta mich an die Mauer gelehnt und eine Zigarette rauchend vor.

»Sylvie«, sagt sie, als wäre sie nicht ganz sicher

gewesen, ob ich kommen würde. Ihren Nylon-Rucksack über die Schulter geworfen, schiebt Carlotta ihre Hand in meine. Unwillkürlich, als wäre meine Hand mein schlagendes Herz, drücke ich Carlottas wundersame kleine Hand zur Begrüßung, poch, poch, poch.

Wir würden zwei Blocks zu unserem Lieblingscafé laufen, und ich würde mir einen Espresso bestellen. Carlotta bekäme *baba au rhum* und *spumoni*. Sie bekommt zwei Desserts, weil ich vom Neinsagen nichts halte. Während des Essens, abwechselnd ein Bissen *baba* und *spumoni*, würde sie mir von ihrem Schultag erzählen, von den Zahlen, die sie gelernt hat, von der Geschichte in ihrem Lesebuch – eine rührselige Geschichte. Carlotta mag die Geschichten, die ich ihr vorlese, die ungekürzten Märchen, lieber. Besonders wild ist sie auf Aschenputtel, und am liebsten hat sie die Szene, in der die zwei Stiefschwestern sich ein Stück von ihren Füßen abhacken. An diesem Tag hat Carlotta auch Musik gehabt. Carlotta schneidet eine Grimasse. Sie verabscheut ihre Musiklehrerin. Ich stelle mir vor, daß Carlottas Musiklehrerin der Musiklehrerin, die ich in der ersten Klasse hatte, sehr ähnlich ist, eine mürrische weißhaarige Frau mit einer Stimmpfeife. Carlottas Musiklehrerin erlaubt ihr nicht, sich im Takt zu wiegen, sondern verlangt, daß sie beim Singen aufrecht und gerade dasteht. »Sie hat mich wieder angeschrien, weil ich getanzt habe«, erzählt mir Carlotta, und ich sage zu Carlotta: »Die Frau gehört mal richtig rangenommen. Versuch zu verstehen, was das in einem Menschen auslöst.«

Carlotta lacht und leckt ihren Löffel ab. Eine Welle der Liebe kommt über mich, so wie einen Scham überkommt, und ich frage mich, ob ich rot werde.

Dann stelle ich mir vor, daß Richard das Café betritt, in dem ich mit Carlotta sitze. Ich verzehre mich vor Liebe zu Richard, warum, ist mir rätselhaft. Auch er ist krank vor Liebe zu mir, aber er ist mit einer Frau namens Claire verheiratet. Ich bin Claire nie begegnet, doch ich stelle sie mir als eine spröde Frau vor, deren Kleider niemals knittern. Ich bin ebenfalls mit jemand anderem verheiratet, aber das ist für mich kein Problem. Nur Richard quält sich mit Gewissensfragen und der Angst vor Konsequenzen. Der Mann riskiert nichts. Er ist ein Feigling.

Richard sieht Carlotta erst, als er zu uns an den Tisch kommt. »Na, wen haben wir denn da?« fragt er mit einer Stimme, die die Leute bevorzugt gegenüber Kindern, Hunden und alten Menschen gebrauchen.

»Das ist Carlotta«, ich stelle die beiden Menschen, die ich liebe, einander vor. Carlotta, die über ihr Alter hinaus reif ist, würde mich dann fragen, ob sie sich an einen anderen Tisch setzen darf, wo sie allein sein kann. »Ich möchte gern malen, und an diesem Tisch ist zuviel los«, würde sie sagen.

Wann immer es möglich ist, malt Carlotta Bilder. Weißes Papier ist eine unwiderstehliche Herausforderung für das Kind, das ich nicht habe. Ihre Hausaufgaben mit den Schmuckbändern am Heftrand können sich sehen lassen, und zu Hause malt sie die Wände mit ihren Leuchtfilzstiften voll. Carlotta zeichnet am liebsten Bäume und Blumen und Urwälder mit Papageien, die halb hinter Blättern versteckt sind. Sie würde nicht diese Schachtelhäuser und Strichmännchen und gelben Sonnen malen, die die meisten Kinder als Kunst ausgeben. Carlottas Arbeiten haben etwas Gauguinsches an sich.

Ich sähe es gern, wenn aus Carlotta eine Künstlerin werden würde, die riesige Leinwände mit wirbelnden Farben bemalen und sie ›Purpursee‹, ›Tiefblau‹ oder ›Fischerbootgrün‹ und ›Rose Madder III‹ nennen würde. Maler sind im allgemeinen glückliche Menschen. Ich stelle mir nie vor, daß Carlotta Dichterin wird. Dichter sind ein grämlicher Haufen Säufer, die sich nur allzu oft in Verzweiflung steigern und dann von Brücken in eiskalte Gewässer stürzen. Und ich gebe zu, daß ich am Boden zerstört wäre, wenn sie eines Tages zu mir käme und sagen würde: »Sylvie, ich möchte Schauspielerin werden.« Ich kann Schauspielerinnen nicht ausstehen, sie sind alle aufgeblasen und dumm. Natürlich, wenn man Kinder hat, muß man sie ihren eigenen Weg gehen lassen; aber mit Abwegen werde ich es nicht zu tun haben. Carlotta wird Malerin werden, und bereits jetzt, mit sechs Jahren, zeigt sie vielversprechende Ansätze.

An einem eigenen Tisch, wo ich sie im Auge behalten kann, öffnet Carlotta den Reißverschluß ihres Rucksacks und holt ihre Künstlerutensilien hervor, Zeichenpapier und eine Schachtel Wachsmalkreiden. Vertieft in ihre Arbeit sitzt sie da, während Richard und ich uns unterhalten. Am Anfang reden Richard und ich über nichts Wesentliches, vielleicht sind wir sogar verzweifelt genug, um Bemerkungen über das Wetter zu machen, aber, so ist das bei uns, dieses Geplauder führt zu etwas. Ich könnte zum Beispiel sagen: »Wäre schön, wir beide zusammen.« Richard jedoch wäre lieber ein herausragendes Mitglied der Gesellschaft als am Ende glücklich. »Oh, Sylvie, wie denn? Wie soll das gehen? Es ist unmöglich. Wir sollten nicht einmal davon sprechen. Ich habe Verpflichtungen«, sagt er.

»Haben wir die nicht alle?« könnte ich antworten und Carlotta meinen.

Irgendwann würde Carlotta zu uns rüberkommen und dieses Gespräch unterbrechen. Sie trägt ein Blatt Papier, ganz oben an einer Ecke, um nichts zu verschmieren. Sie legt ihr Kunstwerk auf den Tisch, damit ich es sehe. Carlotta hat einen Garten gemalt, üppig, mit rotem Hibiskus und tiefgrünen Blättern. Keinen Himmel. »Carlotta«, sage ich, »zu Hause müssen wir das einrahmen.«

Richard würde sich auf seinem Stuhl verrenken, um besser sehen zu können. »Das ist wirklich gut«, würde er sagen. »Erstaunlich sogar«, und Carlotta, ein großzügiges Kind, schenkt es ihm. »Es ist für dich«, sagt sie. Sie hat einen Fuß hinter den anderen gestellt und sieht schüchtern aus.

Weil es keine Möglichkeit gäbe, seiner Frau zu erklären, wie er zu einer Wachskreidezeichnung von einem üppigen Garten gekommen war, wüßten wir beide, er und ich, daß er das Bild in eine Mülltonne werfen würde, nachdem er das Café verlassen hätte. Um seine Gewissensschuld zu lindern, ein Geschenk der Liebe zu zerknüllen und fortzuwerfen, würde Richard fünf Dollar aus seinem Portemonnaie nehmen und zu Carlotta sagen: »In der wirklichen Welt ist Kunst eine Ware, die man kauft.« Carlotta hätte keine Ahnung, wovon zum Teufel er sprach, also würde er konkreter werden: »Ich will nicht, daß du es mir schenkst, aber ich werde es dir abkaufen.«

Da dies, *quid pro quo,* die einzige Art des Gebens und Nehmens ist, die Richard kennt, sage ich zu Carlotta, ja, sie soll das Geld nehmen. Dann bietet Richard Carlotta einen Kaugummi an, Spearmint, den Carlotta ohne Zögern annimmt.

66

»Nun, Carlotta«, erinnere ich sie an ihre Manieren, »was erwartet ein Bourgeois von dir, wenn er dir etwas gibt?«

»Danke sehr«, flötet Carlotta, »vielen Dank.«

Das Kind, das ich nicht habe, würde dann an seinen Tisch zurückkehren, um noch ein Bild zu malen, und Richard würde zu mir sagen: »Sie ist entzückend.«

»Ja«, würde ich ihm beipflichten, so geschmeichelt und stolz, als wäre sie wirklich mein Kind, als hätte ich selbst sie geboren. Etwas, was ich mir nicht mal vorstellen kann. Schon das Bild von mir als Schwangere ist nur sehr flüchtig. Der Gedanke, fett zu werden, ist mir unerträglich, eine dieser Frauen, die heiter ihre schwellenden Bäuche reiben, so wie man den kahlen Kopf eines Mannes reibt, um das Glück zu beschwören. Schwangerschaftsstreifen, Hämorrhoiden, geschwollene Knöchel, Blähungen, all die Unannehmlichkeiten, die eine Schwangerschaft mit sich bringt, würden mich deprimieren. Ich möchte nicht stillen, niemals. Ich hätte Carlotta auch nicht gerne als Säugling um mich, weil ich mit einem Säugling nichts anzufangen wüßte, und mir würde nichts daran liegen, es zu lernen. Carlotta ist sechs Jahre alt, weil ich mich niemals, nicht einmal in einem Tagtraum, dazu bringen könnte, eine Windel zu wechseln. Deshalb ist das Kind, das ich nicht habe, zu mir gekommen, nachdem es laufen, sprechen, auf die Toilette gehen und seine Nase selbst putzen konnte. Carlotta ist ein Pflegekind. Ihre Mutter, ihre leibliche Mutter, könnte entweder im Gefängnis sitzen oder hoffnungslos drogensüchtig sein.

Richard hat zwei Kinder. Richtige Kinder, keine Hirngespinste. Einen Jungen und ein Mädchen. Der Junge ist ein Jahr jünger als Carlotta. Das Mädchen ist gerade erst geboren. Sie ist noch ein greinendes kleines Etwas aus rosa Haut und Knorpel, das noch nicht einmal sitzen kann, geschweige denn Gärten mit rotem Hibiskus malen wie Carlotta.

Diese beiden Kinder sind Richards Entschuldigung dafür, daß er seine Frau nicht verläßt. »Ich habe eine Familie«, sagt er zu mir. »Ich habe Verpflichtungen. Was soll aus meinen Kindern werden? Man kann Kinder nicht einfach so verlassen.«

Obwohl mich diese Idee nicht wirklich anmacht, antworte ich ihm: »Sie könnten bei uns leben.« Ich rufe Carlotta zu uns herüber und frage sie: »Carlotta, hättest du Lust, mit Richard und mir durchzubrennen? Wir könnten nach Paris durchbrennen. Wie fändest du das?«

Carlotta hat keine Bindung an meinen Mann. Sie ist mein Kind. Und so klatscht sie in die Hände und schnappt nach Luft: »Oh, ja, Sylvie. Ja.« Carlotta wäre ganz verrückt nach Paris. Sie könnte eine dieser französischen Schultaschen tragen anstatt diesen scheußlichen Rucksack. Sie würde einen Faltenrock anhaben und weiße Kniestrümpfe und dazu eine schief aufgesetzte Baskenmütze. Nach der Schule würden sie und ich zu *café au lait* und *petits fours* in eine Patisserie gehen.

Aber ich sehe auch, wie Richard den Kopf schüttelt. »Du versuchst zu vereinfachen, was kompliziert ist, Sylvie. Du redest, als wären wir die beiden einzigen Menschen auf der Welt, als könnten wir herumlaufen und tun, was wir wollten. Aber es gibt so viel mehr zu bedenken. Liebe«, sagt er, »rechtfertigt es noch lange nicht, Familien zu zerstören, und Karrieren und das Leben anderer Menschen. Ich habe eine Eigentumswohnung und eine Hypothek drauf.«

Manchmal zählt Liebe überhaupt nicht.

Manchmal, wenn ich über Carlotta nachdenke, denke ich auch an ihre Mutter, daß sie aus dem Gefängnis entlassen werden oder einen Entzug machen könnte und Carlotta zurückhaben wollte. Und in diesem Fall hätte ich keine Chance. Ein Richter würde verfügen, daß ich Carlotta zurückzugeben hätte, als wäre sie ein aus der Bibliothek entliehenes Buch. Aber ich denke nicht lange an diese Dinge. Viel lieber würde ich daran denken, wie Carlotta und ich vom Café nach Hause gehen. »Er ist nett«, würde Carlotta über Richard sagen, und ich würde sie verbessern. »Nein, Carlotta. Er ist ein Jammerlappen. Verwechsle Schwäche nicht mit Freundlichkeit.«

Neben mir herhüpfend würde Carlotta in sich aufnehmen, was ich gesagt hatte, und in gewisser Weise vielleicht verstehen, was nicht einmal ich verstand. Dann würde ich sie fragen, was sie zum Abendessen haben will: Pizza oder chinesisch, weil ich nicht gerne koche und Carlotta ganz wild auf Papptelleressen ist.

T. Coraghessan Boyle

All Shook Up

Etwa eine Woche, nachdem das Schild »Zu vermieten« aus dem Fenster nebenan verschwunden war, bog ein hustensaftfarbener Lieferwagen von der Asphaltstraße ab und in die Auffahrt ein. Die Farbe haute mich nicht gerade um, ebensowenig die übergroßen Reifen mit den weißen Reliefbuchstaben, aber die bemalte Seitenfront war ein echter Blickfang: das lebensgroße Porträt eines Mannes mit aufgetürmten Haaren und einer Gitarre, unter dem die erklärenden Worte prangten: *Young Elvis, der Junge, der zu rocken wagte.* Als der Wagen hereinfuhr, saß ich gerade in der Küche, las die Zeitung zum zweitenmal durch und blies auf meine achte Tasse Kaffee. Ich machte Urlaub. Auch meine Frau machte Urlaub. Nur daß sie in Mill Valley, Kalifornien, mit einem Kerl namens Fred war und ich in Shrub Oak, New York.

Die Tür des Lieferwagens öffnete sich langsam, und ein Bürschlein um die Neunzehn stieg aus. Er trug eine schwarze Lederjacke mit hochgeklapptem Kragen, obwohl es über dreißig Grad gewesen sein müssen, und sein Haar war eine glänzende, blauschwarze Konstruktion aus Pomade und

Haarspray, die sich über seinem Scheitel erhob wie ein Vogelnest auf einer Klippe. Das Mädchen stieg auf der anderen Seite aus, drückte sich um den Lieferwagen herum und blieb mit aufgerissenen Augen vor dem schludrig gestrichenen Cape-Cod-Häuschen stehen, als sei es mindestens Graceland. Sie war zierlich gebaut und unentschlossen, hatte große, schwarzgeränderte Augen wie Stichwunden. In ihren Armen hing, so schlapp und verformbar wie ein Netz Orangen, ein Baby. Es konnte nicht älter als sechs Monate sein.

Ich fischte drei Bier aus dem Kühlschrank, schob mich durch die Fliegentür und ging über den Rasen zur Auffahrt, wo sie etwas verloren dicht beieinanderstanden.

»Willkommen in der Gegend«, sagte ich und streckte die Flaschen hin.

Der Junge trug schwarze Stiefeletten. Er bohrte die Spitze der rechten in den Asphalt, als träte er eine Zigarette aus, sah dann auf und sagte: »Ich trinke nicht.«

»Wie steht's mit dir?« grinste ich das Mädchen an.

»Klar, danke«, sagte sie, indem sie eine schlanke, geäderte Hand mit vielen lackierten Nägeln ausstreckte. Sie warf dem Jungen einen Blick zu, nahm dann das Bier, prostete mir zwinkernd zu und führte es an die Lippen. Das Baby tat keinen Mucks.

Ich kam mir etwas blöd vor mit den zwei offenen Flaschen, also stellte ich eine davon vorsichtig ins Gras, richtete mich dann wieder auf und nahm einen Schluck aus der anderen. »Patrick«, sagte ich und streckte die freie Hand aus.

Der Junge nahm sie und nickte, was eine glänzende, feuchte, über der Stirn frei hängende Schmalzlocke zum Schwingen brachte. »Joey Greco«, sagte er. »Angenehm. Das hier ist Cindy.«

Es war etwas Merkwürdiges an seiner Stimme – an der Tonlage ebenso wie am Akzent. Zum einen war sie überraschend tief, als bemühte er sich um besondere Resonanz oder als imitierte er jemanden. Und dann konnte ich seinen Akzent nicht so recht einordnen. Ich schenkte Cindy ein strahlendes Willkommenslächeln und drehte mich dann wieder ihm zu. »Aus dem Süden?« fragte ich.

Die Schuhspitze fing wieder an zu bohren, und die Andeutung eines Lächelns zog an einem Mundwinkel, wurde aber unterdrückt. Als er zu mir aufsah, war Leben in seinen Augen. »Nein«, sagte er. »Nicht direkt.«

Ein Eichelhäher flog kreischend aus dem Ahorn hinter meinem Haus, zog eine Schleife über uns und verschwand in der Hecke. Ich nahm noch einen Schluck Bier. Das Gesicht fing mir langsam an weh zu tun von dem vielen Grinsen, und ich fühlte, wie mir der Schweiß aus der Achselhöhle in mein letztes sauberes T-Shirt sickerte.

»Nein«, sagte er noch mal, und seine Stimme war jetzt eine Spur höher: »Ich bin aus Brooklyn.«

Zwei Tage später lag ich hinten im Garten in der Hängematte und las einen Thriller über einen Doppelagenten, der für eine Weile Tripelagent wird, dann entlarvt, verfolgt, geschnappt und schließlich durch Folter dazu überredet wird, Quadrupelagent zu werden, woraufhin seine Frau ihn verläßt und seine Kinder ihren Nachnamen ändern. Ich war außerdem damit beschäftigt, mich durch die Flasche Chivas Regal zu trinken, die Fred meiner Frau zu Weihnachten geschenkt hatte, und mir nachdenklich Sonnenmilch in den Bauchnabel zu reiben. Die Klingel überraschte mich. Ich setzte mich auf, pflückte mir ein Blatt vom Ahorn als Lesezeichen und stapfte, barfuß und in farbfleckigen abgeschnittenen Jeans, um das Haus herum.

Cindy stand vor der Tür, mit dem Rücken zu mir, und lugte durch das Fliegengitter. Zuerst erkannte ich sie nicht: Sie sah verwaist, verloren aus, ein Pfadfindermädchen, das in einem fremden Viertel mit Keksen hausiert. Gerade als ich etwas sagen wollte, drückte sie noch einmal auf die Klingel. »Hallo«, rief sie, indem sie die Hände zu einem Schalltrichter formte und sich gegen die Fliegentür lehnte.

Das Glockenspiel erzeugte eine blecherne Reproduktion der ersten sieben Töne von ›Camptown Races‹, ein Effekt, den meine Frau reizend gefunden hatte; ich machte mir in Gedanken eine Notiz, morgen als erstes das Ding abzuschalten.

»Jemand zu Haus?« rief Cindy.

»Hallo«, sagte ich und sah ihr zu, wie sie einen Satz machte. »Suchst du mich?«

»Oh«, keuchte sie und wirbelte lachend herum. »Hi.« Sie trug ein rückenfreies Top und eine Turnhose, ihr Haar war hochgesteckt, und ihre vollkommenen Zehlein sahen frisch lackiert aus. »Patrick, stimmt's?« sagte sie.

»Stimmt«, sagte ich. »Und du bist Cindy.«

Sie nickte und bedachte mich mit der Art Blick, den man von einem Herrenausstatter bekommt, wenn man nach einem Anzug fragt. »Hübsch braun.«

Ich sah auf meine Füße, rieb mir eine glitschige Hand über die Brust. »Ich mache Urlaub.«

»Das ist Spitze«, sagte sie. »Von was?«

»Ich arbeite in der High-School. Ich mach die Beratung.«

»Oh, stark«, sagte sie, »das ist echt Spitze.« Sie stieg von der Veranda herunter. »Im Ernst – das ist schon was.« Und dann: »Bist du nicht etwas jung, um Schülerberater zu sein?«

»Ich bin neunundzwanzig.«

»Du machst Witze, was? Sieht man dir gar nicht an. Echt. Ich hätt dich vielleicht auf fünfundzwanzig geschätzt oder so um den Dreh.« Zögernd berührte sie mit der flachen Hand ihr Haar, einmal ringsum, als wollte sie sich vergewissern, daß noch alles da war. »Na, jedenfalls, was ich fragen wollte ist, ob du Lust hättest, heute abend zum Essen zu uns rüberzukommen.«

Ich war halb betrunken, der Thriller war so thrillend nicht, und ich hatte seit vier Tagen Haus oder Garten nicht verlassen. »Wieviel Uhr?« fragte ich.

»So sechs rum.«

Es trat eine Pause ein, während der man die Vögel in den Bäumen sich gegenseitig verfluchen hören konnte. Ein paar Häuser weiter warf jemand einen Rasenmäher an. »Okay, hör mal, ich muß das Fleisch aufsetzen«, sagte sie und machte sich schon auf den Weg. Dann fiel ihr aber noch etwas ein, und sie drehte sich wieder um. »Hätte ich beinah vergessen: Bist du verheiratet?«

Sie muß das Zögern auf meinem Gesicht gesehen haben.

»Weil, wenn ja, ich meine, dann ist sie auch eingeladen.« Sie stand da und sah mich an. Ihre Augen waren grau, und im rechten war eine violette Uhr. Die Zeiger standen auf halb vier.

»Ja«, sagte ich schließlich, »bin ich.« Ein sirrender Abpraller und ein von Herzen kommender, gutturaler Fluch ertönten, als der unsichtbare Rasenmäher gegen einen Stein stieß. »Aber meine Frau ist weg. In Urlaub.«

Ich war in dem Haus erst einmal gewesen, vor fast acht Jahren. Damals hatten die McCareys dort gewohnt, und Judy und ich hatten gerade unseren Abschluß am staatlichen Lehrercollege gemacht. Wir waren seit zwei Wochen verheiratet, die Welt war frisch aus dem Nichts erschaffen, und wir waren dabei, in unser neues Heim einzuziehen. Ich stand in der Einfahrt und lud Kartons mit Hochzeitsbeute aus dem Kofferraum aus, als Henry McCarey über den Rasen angeschlendert kam, um sich vorzustellen. Er muß um die Fünfundsiebzig gewesen sein. Seine blasse, kahle Stirn wölbte sich von den Augenbrauen empor und zurück wie ein Helm, kantig und beeindruckend, aber von den Jochbeinen abwärts war das Fleisch in sich zusammengefallen, was sein Gesicht falsch zusammengesetzt aussehen ließ. Er trug eine stahlgeränderte Brille. »Wenn Sie eine Minute Zeit haben«, sagte er, »würden wir Ihnen und Ihrer Frau gern etwas zeigen.« Ich sah auf. Henrys Frau Irma stand, von der Tür eingerahmt, hinter ihm. Ihr Haar war zu einem Knoten aufgesteckt, und sie trug ein Kleid aus bedrucktem Stoff, das bis zum Rand ihrer weißen Frotteesocken reichte.

Ich rief Judy. Sie lächelte, ich lächelte, Harry lächelte; Irma hielt uns lächelnd die Tür auf, und plötzlich standen wir im dunklen, vollgestopften Wohnzimmer mit seinen viel zu vielen Möbeln, seinen gerahmten Fotografien vergangener Epochen und seinen Nippsachen. Irma fragte, ob sie uns eine Tasse Tee anbieten könnte. »Hier drüben«, sagte Henry und winkte aus der hinteren Ecke des Zimmers.

Wir tasteten uns vor, lächelnd, aber mit einem unbehaglichen Gefühl. Wir waren zweiundzwanzig, ganz berauscht vor Verliebtheit und Selbstvertrauen, und diese Leute ließen unsere Großeltern jung erscheinen. Ich wußte nicht, worüber ich mit ihnen reden oder wie ich mich verhalten sollte: Ich wollte zurück zum Auto und den auf dem Rasen gestapelten Kartons.

Henry stand vor einem Glaskasten, der auf einem Hügel von Zierdeckchen auf einem wacklig aussehenden Ecktisch ruhte. Er machte sich für einen Augenblick dahinter zu schaffen, und dann fing ein weißes elektrisches Weihnachtskerzchen im Glaskasten an zu flackern. Ich sah ein silbernes kellenartiges Ding mit einer Inschrift darauf und einen runzligen, versteinerten Klumpen von etwas, das so aussah, als ob es einst organischer Natur gewesen sein könnte. Es dauerte einen Moment, bis ich begriff, daß es ein Stück Hochzeitstorte war.

»Es ist von unserer goldenen Hochzeit«, sagte Henry, »vor sechs Jahren. Und das da ist das Tortenmesser – können Sie erkennen, was darauf steht?«

Ich fühlte mich wie betäubt, fühlte mich, als

hätte ich in der Erde herumgestochert und die Spuren einer vergessenen Kultur freigelegt. Ich warf Judy einen verstohlenen Blick zu. Sie war erstarrt, ihre Züge verzerrt, als müßte sie gleich weinen: Sie war so schön, so hingerissen, so bewegt vom Augenblick und seinen Omina, daß auch ich einen Kloß im Hals verspürte. Sie nahm meine Hand.

»Da steht: ›Henry und Irma, 1926–1976, semper fidelis.‹ Das am Schluß, das ist lateinisch«, fügte Henry hinzu, und dann übersetzte er es für uns.

Jetzt lagen die Dinge anders.

Ich klopfte an die leichte Alu-Windfangtür, und Joey wippte hinter dem dunklen Maschengitter in Sicht. Er trug eine enge schwarze Sportjacke mit hochgeklapptem Kragen, ein pinkfarbenes Hemd und eine schwarze Hose mit pinkfarbenen Blitzstrahlen, die längs der Außennähte hochzackten. Im ersten Moment schien er mich nicht zu erkennen, und für einen Augenblick, wie ich da in abgeschnittenen Jeans und T-Shirt mit einer halben Flasche Chivas in der Hand herumstand, fühlte ich mich eher wie ein Eindringling als wie ein willkommener Gast – sie *hatte* doch heute abend gesagt, oder? –, aber dann neigte er schon grüßend den Kopf und öffnete die Tür, um mich einzulassen.

»Schön, daß es geklappt hat«, sagte er ohne Begeisterung.

»Ja, find ich auch«, hauchte ich, während ich mich fragte, ob ich gerade dabei war, einen Fehler zu machen.

Ich folgte ihm ins Wohnzimmer, wo eingedrückte Kartons und mit Unterwäsche und Pullovern vollgestopfte grüne Plastiksäcke Zeugnis von einer ewigen Umzugsodyssee ablegten. Der Raum war noch genauso eng und dunkel, wie ich ihn in Erinnerung hatte, aber wo einst Zierdeckchen, Nippsachen und Beistelltischchen mit geschnitzten Füßen gewesen waren, standen jetzt ein schottisch kariertes Sofa, ein Heimtrainer und ein schmutziger grauweißer Erbsensacksessel. Fort war der Altar ehelicher Treue, ersetzt durch einen Fender-Verstärker, einen Mikrophonständer und eine akustische Gitarre mit Kapodaster und Tonabnehmer. (Auch Henry war fort, an einem Emphysem gestorben, und Irma wohnte in einem Pflegeheim am anderen Ende der Stadt.) Es gab eine Anlage mit großen schwarzen monolithischen Boxen, und die Wände waren mit Elvis-Postern behängt. Ich sah Joey an. Er posierte neben einem hämisch die Oberlippe verbiegenden jungen Elvis und wippte auf den Absätzen seiner Stiefel vor und zurück. »Ganz schön scharf«, sagte ich, indem ich auf seine Kluft zeigte.

»Oh, das?« sagte er, wie überrascht darüber, daß es mir aufgefallen war. »Ich war am Proben – Kostüme anprobiert und so.«

Ich war zu dem Schluß gelangt, daß er so was wie ein Elvis-Imitator war, nach dem Lieferwagen, der Kleidung und dem zugelegten Akzent zu urteilen, aber abgesehen von den Haaren konnte ich wirklich keine allzu große Ähnlichkeit zwischen ihm und dem King feststellen. »Du, äh – du machst eine Elvisnummer?«

Er sah mich an, als hätte ich gerade gefragt, ob das Ding da über unseren Köpfen die Zimmerdecke war. Schließlich sagte er bloß: »Yeah.«

In diesem Augenblick kam Cindy aus der Küche heraus. Sie hatte ein weißes Bauernkleid und Sandalen an und hielt ein Glas Wein in der einen Hand und einen Zucchino von der Größe eines überdimensionalen Baseballschlägers in der anderen. »Patrick«, sagte sie und durchquerte das Zimmer, um meine Wange mit einem Kuß zu streifen. Ich umarmte sie rituell – man hätte meinen können, daß wir uns seit zehn Jahren kannten – und hielt sie einen Augenblick lang fest, während Joey und Elvis zusahen. Als sie einen Schritt zurücktrat, roch ich einen Hauch von Parfüm und Alkohol. »Du magst Zucchini?« fragte sie.

»M-hm, klar.« Ich fragte mich, was ich mit meinen Händen anfangen sollte. Plötzlich fiel mir die Flasche wieder ein, und ich hielt sie hoch wie einen selbst erlegten Truthahn. »Das habe ich für dich mitgebracht.«

Cindy machte ein, zwei liebenswürdige Geräusche, ich zuckte abschätzig die Schultern – »Ist nur halb voll«, meinte ich –, und Joey bohrte seine Schuhspitze in den Teppich. Vielleicht bildete ich mir das nur ein, aber er schien unruhig zu sein, sich über irgendwas aufzuregen.

»Wie lang dauert's noch bis zum Essen?« fragte er, wobei sich ein näselndes halbwüchsiges Wimmern in den Nashville-Baß einschlich.

Cindys Augen flackerten unsicher. Sie stürzte den Wein in einem Schluck hinunter und hielt mir dann das Glas zum Nachfüllen hin. Mit Scotch. »Ich weiß nicht«, sagte sie, das Glas betrachtend. »Halbe Stunde.«

»Weil ich denke, ich müßte noch an ein paar Stücken arbeiten.« Sie warf ihm einen Blick zu. Ich kannte keinen von beiden gut genug, um zu wissen, was er bedeutete. Der Blick hätte ebensogut »Fick dich selbst« wie »Ich bin ganz verrückt nach dir und Elvis« sagen können – ich konnte es nicht entscheiden.

»Kein Problem«, sagte sie schließlich und nippte an ihrem Drink, den Zucchino unter den Arm geklemmt. »Patrick wollte mir sowieso in der Küche helfen – stimmt's, Patrick?«

»Klar«, sagte ich.

Bei Tisch schnitt Joey ein Stück von seiner *braciola* ab, führte eine Gabel Tomaten, Paprika und Zucchini an die Lippen und sprach über Elvis. »Er war der meistfotografierte Mann aller Zeiten. Er hatte zweiundsechzig Autos und über hundert Gitarren.« Gabel, Messer, Fleisch, Gemüse. »Er war der Größte, den es je gegeben hat.«

Davon war mir nichts bekannt. Als ich mich von Luftgewehren und Minibikes verabschiedet und angefangen hatte, mich für Rock and Roll zu interessieren, waren es die Doors, die Stones und Hendrix gewesen, und Elvis war bereits dabei, zur Karikatur seiner selbst zu degenerieren. Ich hatte ihn als einen aufgeschwemmten alten Exstar in weißem Overall in Erinnerung, der schmalzige Balladen schnulzte und Frauen mittleren Alters besabberte. Außerdem war ich dank dem Chivas und der Flasche Roten, die Cindy zum Essen aufgemacht hatte, schon ganz schön hinüber. »Hmpf«, war so ziemlich alles, was ich zuwege brachte.

Eine Dreiviertelstunde lang, während ich auf einem rissigen Vinylbarhocker an der Küchentheke gesessen, Gemüse schneiden geholfen und mit Cindy Geschichten ausgetauscht hatte, war Joeys Wiedergabe von Elvis-Klassikern (insgesamt ein halbes Dutzend) zu hören gewesen. Er war im Wohnzimmer und donnerte; ich saß in der Küche und trank. Ab und an gönnte er der Gitarre ein Päuschen oder trat vom Mikrophon zurück, und dann konnte ich den echten Elvis hören, der leise im Hintergrund stöhnte: *Don't be cruel/To a heart that's true* oder *You ain't nothin' but a hound dog.*

»Er ist ziemlich gut«, sagte ich zu Cindy nach einer besonders donnernden Wiedergabe von ›Jailhouse Rock‹. Ich machte Konversation.

Sie zuckte die Achseln. »Ja, ist er wohl«, sagte sie. Das Baby lag in einer tragbaren Wiege am Fenster und gab zarte Ausdünstungen von Fäkalien und Urin von sich. Vermutlich schlief es. Wäre der Geruch nicht gewesen, hätte ich darauf getippt, daß es tot war. »Wir mußten heiraten, weißt du«, sagte sie.

Ich machte eine abwehrende Geste, bemühte mich um einen überraschten Gesichtsausdruck. Selbstredend hatten sie heiraten müssen. Ich hatte schon Hunderte von Mädchen wie sie gesehen – sie zogen durch das Beratungszimmer wie Schwärme noch nicht flügger Vögel, die grundsätzlich in die falsche Richtung flogen, nach Norden im Winter, nach Süden im Sommer. Da hingen sie krumm, mager, mit tief in den Höhlen liegenden Augen und geschminkt wie Revuegirls oder Huren im Sessel in meinem Büro und erzählten mir ihre Geschichte. Sie hielten sich für flippig und verkommen, dünkten sich nihilistisch und ausschweifend, bildeten sich ein, sie hätten den Sex erfunden. Zwei Jahre später waren sie Hausfrauen mit Kleinkindern und Kombi. Zwei Jahre darauf waren sie geschieden.

»Das erste Mal, daß ich Elvis gehört habe, jedenfalls das erste Mal, an das ich mich erinner«, sagte Joey jetzt, »war im Dezember '68, als er dieses Konzert im Fernsehen gab – das Singer Special. Das haute mich um. Ich konnt's einfach nicht glauben.«

»Achtundsechzig?« echote ich. »Was warst du da, vier?«

Cindy kicherte. Ich sah sie mit einem rührseligen Grinsen im Gesicht an. Ich war betrunken.

Joey zuckte nicht mit der Wimper. »Ich war sieben«, sagte er. Und dann: »An dem Tag hörte ich auf, ein Kind zu sein.« Er hatte sich eine Serviette in den Kragen gesteckt, um sein pinkfarbenes Hemd zu schützen, und Haarsträhnen hingen ihm in die Stirn. »Am nächsten Tag hat meine Mom ›Elvis's Greatest Hits, Volume One‹ geholt, und eine Woche später hat sie mir meine erste Gitarre besorgt. Seit damals bin ich voll drauf.«

Joey sah mich die ganze Zeit scharf an. Er versuchte mich zu beeindrucken; soviel war klar. Deswegen hatte er die Kluft angezogen, grünen Lidschatten aufgetragen, sich die Haare pomadisiert und sein Repertoire im Nebenzimmer runtergerasselt, so daß ich nicht anders konnte, als mir jeden Ton anzuhören. Aber irgendwie war ich gar nicht beeindruckt. Ob's nun der Schnaps war, meine Gleichgültigkeit Elvis gegenüber oder die Angst und Abscheu, die mich seit Judys Desertion nicht mehr losgelassen hatten, konnte ich nicht sagen. Nur soviel wußte ich, daß ich auf das Ganze schiß. Auf Elvis, auf Joey, auf Fred, Judy, Little Richard und Leonard Bernstein. Auf jeden. Schweigend schlürfte ich meinen Wein.

»Mein Agent versucht mich in die Catskills zu vermitteln – paar von den Ferienorten und so. Er sagt, meine Nummer ist echt heiß.« Joey betupfte sich den Mund mit der Serviette, hob ein Glas Milch an die Lippen und nahm einen raschen Schluck. »In ’ner knappen Woche spiele ich da oben vor, im Brown’s. Na, und zum Aufwärmen hab ich Freitag abend diesen Gig gekriegt – nix Großes, nur so ’ne Bruchbude irgendwo in der Pampa. Ist drüben in Brewster – schon mal davon gehört?«

»Von der Pampa oder Brewster?« fragte ich.

»Nein, ernsthaft, warum kommst du nicht vorbei?«

Cindy beobachtete mich. Früher am Abend, am Hackbrett, hatte sie mich über dieses und jenes informiert. Sie war zwanzig, Joey einundzwanzig. Ihr Vater besaß ein Bauunternehmen in Putnam Valley und hatte ihnen mit dem Haus unter die Arme gegriffen. Joey hatte sie vorigen Sommer in Brooklyn kennengelernt, als sie bei ihrer Cousine zu Besuch gewesen war. Damals spielte er in einer Band. Jetzt machte er auf Elvis. Sonst nichts. Er hatte Gigs in der City und draußen auf Long Island gehabt, aber er verdiente nichts und weigerte sich, nebenher zu jobben: nur Stümper täten das. Also waren sie hierher ins Hinterland gezogen, wo ihr Vater dafür sorgen konnte, daß sie nicht verhungerten und Cindy als Sekretärin in seinem Büro arbeiten konnte. Sie hofften, die Brewster-Sache würde ankommen – hier oben hatte niemand allzuviel mit Elvis am Hut.

Ich kaute, schluckte, spülte es mit etwas Wein hinunter. »Klingt gut«, sagte ich. »Ich werd da sein.«

Später, nachdem Joey ins Bett gegangen war, saßen Cindy und ich Seite an Seite auf dem karierten Sofa und hörten uns die Kassette mit ›Schwanensee‹ an, die ich von nebenan geholt hatte (»Etwas Leises«, hatte sie gesagt. »Hast du etwas Leises?«). Wir tranken Kaffee und einen zuckrigen gelblichen Likör, den sie aus einem der Kartons mit Küchensachen ausgegraben hatte. Wir hatten geredet. Ich hatte ihr von Judy erzählt. Und Fred. Hatte ihr erzählt, daß ich mich ganz schön beschissen fühlte und wie froh ich war, daß sie hierhergezogen war. »Wirklich«, sagte ich, »im Ernst. Und ich bin dir auch wirklich dankbar für die Einladung.«

Sie saß direkt neben mir in ihrem Bauernkleid, die Arme nackt, die Beine wie ein Yogi gekreuzt. »Alles klar«, sagte sie, indem sie mir in die Augen sah.

Ich wandte den Blick ab und sah Elvis. Sah ihn kauern, sich ducken, das Mikrophon begatten und Moschus über die ersten drei Reihen verspritzen,

Elvis in voller Brunst. »Und wie findest du das Ganze hier« – ich faßte mit einer Armbewegung Poster, Gitarre und Verstärker, den undefinierten Raum über uns, wo Joey schlief, zusammen – »ich meine, mit dem King zusammenzuleben?« Ich lachte und hielt ihr die locker geballte Faust unter das Kinn. »Nur zu, meine Liebe – sprechen Sie direkt ins Mikro.«

Da überraschte sie mich. Ihr Gesichtsausdruck war todernst, Frivolität war nicht angebracht. Langsam, mit Bedacht, stellte sie ihre Kaffeetasse ab, beugte sich vor und drehte sich so herum, daß sie jetzt neben mir auf dem Sofa kniete; dann schwang sie ein Bein hoch, als bestiege sie ein Pferd, und senkte das Knie sanft zwischen meine Beine, bis ich fühlte, wie der Druck meine Leistengegend entflammte. Aus den Lautsprechern hörte ich die Schwanenmädchen rauschend auffliegen. »Es ist, wie mit einem Klon verheiratet zu sein«, flüsterte sie.

Als ich heimkam, hörte ich das Telefon klingeln. Ich knallte durch die Haustür, stolperte im Dunkeln über irgend etwas und rannte, immer zwei Stufen auf einmal, die Treppe zum Schlafzimmer hoch. »Ja«, sagte ich außer Atem, kaum daß ich den Hörer von der Gabel gerissen hatte.

»Pat?«

Es war Judy. Ehe ich reagieren konnte, fiel ihre

Stimme über mich her, weich und leidenschaftlich, Silben, die mich wie Finger kneteten. »Pat, hör zu«, sagte sie. »Ich muß dir was erklären –«

Ich legte auf.

Der Klub hieß Delvecchio's, und er lag inmitten einer leeren Asphaltfläche wie ein Vergnügungsdampfer auf einem glatten schwarzen Meer. Es war eine große Angelegenheit, mit zwei getrennten Bühnen, einer Disko, drei Bars und einem Spielsalon. Ich erkannte es sofort: Teenager-Nirvana. Neon pulsierte, zerschrammte Chevys röhrten im Vordergrund, Typen in Hawaiihemden und Mädchen auf Pfennigabsätzen standen vor der Tür herum, rauchten Joints und Zigaretten und musterten einander mit eisigen Augen. Als Cindy und ich gegen neun vorfuhren, begann sich der Parkplatz schon zu füllen.

»Gerammelt voll mit Sechzehnjährigen heute abend«, sagte ich. »Soll ich den Motor aufheulen lassen?«

Cindy hatte eine ärmellose Bluse an, Radlerhosen und Stöckelschuhe. Sie hatte sich so geschminkt, als sei sie dem Cover von ›Slash‹ entsprungen, und sie roch wie ein ganzer Süßwarenladen. »Komm schon, Pat«, sagte sie im heiseren Flüsterton. »Sei nicht so.«

»Wie so?« fragte ich, aber ich wußte, was sie meinte. Wir waren hier, um uns zu amüsieren, um

Joey an seinem großen Abend zu hören, und es gab keinen Grund, die Stimmung durch Zynismen zu verderben.

Joey war mit dem Lieferwagen vorgefahren, um seine Anlage aufzubauen und einen Soundcheck zu machen. Früher am Abend war er extra noch mal zurückgekommen, um mich zu fragen, ob es mir was ausmachen würde, Cindy zum Klub mitzunehmen. Er war direkt hinter der Schwelle stehengeblieben, arbeitete mit der Spitze seines Lackschuhs und starrte an mir vorbei auf das Chaos, das Judys Abwesenheit verursacht hatte: die auf dem Fernseher gestapelten Pappbehälter vom Fastfood-Chinesen, die Bierflaschen und Devil-Dog-Verpackungen auf dem Couchtisch, die Kleidungsstücke, die wie nach einer Überschwemmung überall verstreut herumlagen. Ich sah ihm in die Augen und fragte mich, wieviel von der leidenschaftlichen Fummelei, die Cindy und ich, während er seinem Schönheitsschlaf nachging, an dem Abend praktiziert hatten, er wohl wußte, fragte mich, ob er auch nur den blassesten Schimmer davon hatte, daß ich mich böse und verraten fühlte und seine Frau wollte, weil ich Wunden zu lecken hatte und weil sie eben da war, sie wie eine verbotene Frucht wollte – sie wollte, wie ich die Hälfte der angebufften, ausgelaugten, herausfordernden kleinen Gänse gewollt hatte, die jedes Jahr durch mein Büro defilierten. Er starrte mir in die Augen, bis ich wegsah.

»Kein Problem«, murmelte ich. Wenn er Marke spielte, konnte ich den Tristan geben. »Mach ich gern.«

Und so schlenderte ich Punkt acht, nachdem ich geduscht und mich rasiert, mir die Haare angeklatscht und den Kragen meines Lieblings-Gigolohemdes hochgeschlagen hatte, über den Rasen, um sie abzuholen. Das Baby (es hieß Gladys, nach Elvis' Mutter) wurde der Obhut eines der unzähligen pubertierenden Mädchen, die ich von der Schule her kannte, anvertraut, Cindy stöckelte auf forschen Absätzen aus dem Schlafzimmer, um mir ein Küßchen auf die Wange zu stippen, und wir schlenderten über den Rasen hinüber zu meinem Auto.

Es herrschte ein verlegenes Schweigen. Auch wenn wir seit der Nacht der *braciola* und des Sofas ein-, zweimal miteinander geredet hatten, war *darüber* kein Wort zwischen uns gefallen. Wir hatten ziemlich heftig geschmust und Petting gemacht, hatten ein Gespür für des anderen Gebiß und einen Vorgeschmack von Hingabe bekommen. Den Rückzieher hatte ich gemacht. Ich hatte plötzlich eine Vision von Joey, der im Pyjama in der Tür stand, das Haupt gebeugt unter der Last seiner Pompadourtolle. »Was ist mit Joey«, flüsterte ich, und wir beide schwenkten den Kopf nach oben und starrten zur platten, nichtssagenden Zimmerdecke. Dann stand ich auf und ging nach Hause schlafen.

Jetzt, als wir den Wagen erreichten und ich ihr die Tür aufhielt, fiel mir etwas ein, was ich sagen konnte. »Ich kann's selbst nicht glauben« – ich lachte herzlich, lustig, mit sämtlichen Zähnen –, »aber ich fühle mich so, als hätte ich ein Rendezvous oder was in der Art.«

Cindy legte nur den Kopf ein wenig schief und bedachte mich mit einem kleinen süffisanten Lächeln. »Hast du auch«, sagte sie.

Sie hatten Joey für den »Troubadour Room« vorgesehen, einen Raum mit Platz für sechzig, siebzig Leute und der Atmosphäre eines kleinen Klubs. Komiker traten hier gelegentlich auf, ab und an auch ein Folk- oder Balladensänger – Künstler, von denen man wohl erwartete, daß sie ein etwas älteres, gesetzteres Publikum anziehen würden. Die eigentliche Action spielte sich ganz offensichtlich im großen Saal ab, wo die Rockgruppen auftraten, oder in der stampfenden Traumwelt der Disko. Wir brauchten uns nicht direkt um einen Sitzplatz zu prügeln.

Cindy bestellte sich einen Black Russian. Ich blieb bei Scotch. Wir redeten über Elvis, Joey, Rock and Roll. Wir redeten über Gladys, die so frühreif war, und ihre Babywonnen, die mit Babytraumata abwechselten. Wir redeten über die Aquarelle, die Cindy auf der High-School gemalt hatte, und darüber, wie gern sie wieder damit anfangen würde. Wir redeten über Judy. Über Fred. Über Schülerberatung. Wir waren bei unserem dritten Drink – vielleicht war es auch schon der vierte – angelangt, als die Bühnenbeleuchtung aufflammte und der Conférencier Joey ankündigte.

»Aufgeregt?« fragte ich.

Sie zuckte die Achseln und ließ für einen Moment die Augen über die Bühne wandern, als Drummer, Baßmann und Gitarrist ihre Plätze einnahmen. Dann fand sie meine Hand unter dem Tisch und drückte sie kurz.

In diesem Augenblick wirbelte Joey aus der Kulisse hervor und sprang das Mikro an, als sei es lebendig. Er trug einen senffarbenen, mit Goldglitzer überstäubten Anzug, einen goldglänzenden Schlips und Halbschuhe aus weißem Lackleder. Für einen Moment stand er einfach nur so da und bemühte sich nach Kräften, jene spezielle gesetzlose Sinnlichkeit auszustrahlen, die Elvis' Markenzeichen gewesen war, schaffte es aber nur, linkisch zu wirken, wie ein für ein Kostümfest herausgeputztes Kind. Immerhin hatte er die Bewegungen drauf. Plötzlich schoß seine rechte Faust senkrecht in die Höhe, und die Musiker erstarrten; er schenkte uns sein bestes Hohngrinsen, dann fuhr seine Faust der Gitarre krachend übers Gesicht, die Band stolperte in ›Heartbreak Hotel‹, und Joey warf den Kopf zurück und legte los.

Nichts passierte.

Die Band dröhnte noch wirr ein, zwei Takte weiter und verstummte dann, derweil Joey dastand, gegen das Mikrophon klopfte und eine alberne Figur machte.

»AC/DC!« rief jemand aus der Dunkelheit zu meiner Linken.

»Der Leppard!«

Der Conférencier, ein Bursche mit schütterem Haar im Blumenhemd, hastete auf die Bühne und machte sich kauernd am Ständer des altmodischen Mikros zu schaffen, auf dem Joey der Authentizität wegen bestanden hatte. Jemand schrie eine Obszönität, und Joey kehrte dem Saal den Rücken. Es ertönten weitere Rufe nach Heavy-Metal-Gruppen, Frotzeleien und Gelächter. Die anderen Bandmitglieder – ältere Typen mit Bärten und ausdruckslosen Gesichtern – wirkten in etwa so beteiligt wie Schlafwandler. Ich warf einen verstohlenen Blick auf Cindy; sie biß sich auf die Lippe.

Schließlich erwachte das Mikro zum Leben, der Conférencier verschwand, und Joey hauchte »Test, Test« durch die P. A. »'tschuldigt die Verzögerung, Leute«, raunte er mit seinem tiefsten, hinterwäldlerischsten Baß, »aber wir können jetzt 'n zweiten Versuch starten. A-one, two, three!« brüllte er, und ›Heartbreak Hotel‹, die Zweite, stampfte lahm aus den Lautsprechern.

Well, since my baby left me,
I found a new place to dwell,
It's down at the end of Lonely Street,
That's Heartbreak Hotel.

Irgendwas stimmte nicht, soviel war von Anfang
an klar. Nicht nur, daß er schlecht war, daß er
nervös wirkte und vielleicht ein bißchen weibisch
und ganz und gar nicht Herr der Lage, oder daß er
den Text der dritten Strophe vergaß und den Refrain immer zu tief nahm, oder daß die offenbar
irgendwo aufgelesenen Musiker einen Dreck taug-
ten und es selbst dann nicht fertiggebracht hätten
zusammenzuspielen, wenn sie seit Elvis' Begräb-
nis acht Stunden am Tag geübt hätten – nein, es
war ein grundlegenderes Problem. Der Trick bei
der ganzen Sache war, eine Illusion zu erzeugen –
Joey mußte seine Zuschauer, und wenn auch nur
für einen Augenblick, davon überzeugen, daß der
echte, leibhaftige Elvis, der Junge, der zu rocken
wagte, vor ihnen stand. Leider kriegte er das einfach nicht hin. Weder musikalisch noch optisch.
Mochte man sich auch die Ohren zuhalten und
die Augen zusammenkneifen, bis alle Lichter ver-
schwammen, dieser linkische, pomadenhaarige
Junge mit dem grünen Lidschatten kam dem Vor-
bild nicht einmal für eine Sekunde nahe. Und das
Publikum ließ es ihn wissen.

Buhrufe und Pfiffe übertönten den letzten Akkord von ›Heartbreak Hotel‹, auf den Joey nahtlos eine dieser zittrigen, kurzatmigen Balladen folgen ließ, die das Verhängnis der mittleren Schaffensperiode des Kings gewesen waren. Ich kann mich weder an die Melodie noch an den Text erinnern – aber es klang schmalzig und schief. Joey schwitzte jetzt, und die Haare hingen ihm in die Augen. Er legte sich halb auf den Mikrophonständer, wählte eine Frau aus dem Publikum aus und versuchte sich an einem verführerischen Grinsen, das indes mehr nach Magenverstimmung als nach Leidenschaft aussah. Mitten im Lied rief eine weibliche Stimme hinten im Saal: »Schwuler!«, und zwei Typen mit Verbindungsjacken fingen an, wie läufige Hündinnen zu jaulen.

Joey stockte, verpaßte seinen Einsatz nach dem Gitarrensolo und mußte eine ganze Strophe samt Refrain herumstehen und im Leerlauf klimpern, bis es wieder von vorn losging. Die Leute machten sich jetzt offen über ihn lustig, und die Verbindungstypen begannen, mutiger geworden, ihr Gejaule mit spitzen Schreien und Jodlern aufzulokkern. Joey neigte den Kopf wie ein Besiegter und ließ die Gitarre lose baumeln, während die Gruppe das Stück zum Abschluß brachte. Beim nächsten – es war, glaube ich, ›Teddy Bear‹ – legte er ein bißchen Tempo zu, aber beim Publikum kam er einfach auf keinen grünen Zweig. Ich beobachtete Cindy aus den Augenwinkeln. Ihr Gesicht war weiß. Sie ließ die ersten vier Stücke wortlos über sich ergehen, dann beugte sie sich über den Tisch und packte mich am Arm. »Bring mich nach Haus«, sagte sie.

Wir blieben in der Auffahrt eine Weile im Auto sitzen und ließen das Radio laufen. Es war warm, und durch die offenen Fenster hörte man die Grillen und was weiß ich noch alles im Gebüsch Radau machen. Cindy hatte während der Rückfahrt nicht viel gesagt – die Sache im Klub war ziemlich niederschmetternd gewesen –, und ich hatte versucht, sie mit allerlei fröhlichem Geschwätz abzulenken. Jetzt beugte sie sich vor und schaltete das Radio aus. »Er ist wirklich unter aller Sau, nicht?«

Ich biß nicht an. Ich wollte sie, keine Frage, aber ich war nicht bereit, wen auch immer schlechtzumachen, um sie zu bekommen. »Ich weiß nicht«, sagte ich. »Ich meine, mit der Band wäre sogar der echte Elvis unter aller Sau gewesen.«

Sie ließ sich das für einen Augenblick durch den Kopf gehen, kramte dann eine Zigarette aus ihrer Handtasche, zündete sie sich an und stieß den Rauch mit einem Seufzer aus. Der Seufzer schien zu bedeuten: »Okay, und was nun?« Wir wußten beide, daß die Babysitterin nebenan selbst- und weltvergessen vor dem Fernseher hockte und daß Joey noch mehr als die Hälfte seines Programms bewältigen mußte. Wir hatten massenhaft Zeit. Wenn wir wollten.

Das Licht aus ihrem Haus fiel quer über den Rasen und verfing sich in ihrem Haar; ihr Gesicht lag im Schatten. »Willst du auf 'ne Minute mit rein?« fragte ich und erinnerte mich, wie sie sich auf dem Sofa an mich rangemacht hatte. »Was trinken oder so?«

Als sie »Klar« sagte, spürte ich, wie meine Knie weich wurden. Das war's: Berater, rate dir selbst. Ich folgte ihr ins Haus und führte sie die dunkle Treppe hinauf ins Schlafzimmer. Wir hielten uns nicht mit Drinks auf. Oder Lichtmachen. Sie fühlte sich gut an und ein bißchen fremd: Sie war nicht Judy.

Hinterher holte ich uns einen Drink, und dann noch einen. Dann nahm ich die Flasche mit ins Bett, und wir liebten uns ein zweites Mal – langsam, gemächlich, rhythmisch, während die Grillen draußen vorm Fenster den Takt angaben. Ich war in Ekstase. Ich war betrunken. Ich war verliebt. Wir bewegten uns wie ein Körper, und ich steckte ihr die Zunge ins Ohr und brachte ihr, leidenschaftlich flüsternd, ein Ständchen à la Elvis, à la Joey. »Well–a bless–a my soul, what's–a wrong with me«, murmelte ich, »I'm itchin' like a ma–han an a fuzzy tree ... oh-oh-oh, oh, oh yeah.« Sie lachte, und dann wurde sie ernst. Wir teilten uns eine Zigarette und danach einen Schluck klebrigen Likörs; dann muß ich eingeschlafen sein.

Ich weiß nicht, wie spät es war, als ich den Lieferwagen nebenan vorfahren hörte. Unten knallte die Tür zu, und ich ging ans Fenster und sah Cindys dunkle Gestalt über den Rasen rennen. Dann sah ich Joey, der vor der Haustür stand, und die Babysitterin hinter ihm. Es erklang ein Fluch, ein Schrei, das Geräusch eines Schlags, und dann saßen Joey und die Babysitterin im Wagen, die Bremslichter leuchteten auf, und sie waren weg.

Ich fühlte mich mies. Ich fühlte mich wie ein Schweinehund, ein Sünder, ein Familienzerstörer und ein Lothario. Ich fühlte mich, wie Fred sich gefühlt haben mußte. Nackt goß ich mir im Dunkeln noch einen Drink ein und hielt eine Weile Ausschau nach irgendwelchen Lebenszeichen in Cindys Haus. Es gab keine. Eine Minute später war ich eingeschlafen.

Ich wachte früh auf. Meine Kehle war trocken, und mein Kopf hämmerte. Ich schlüpfte in eine Turnhose, die ich im Durcheinander auf dem Fußboden fand, putzte mir die Zähne, ließ mir Wasser über das Gesicht laufen und betrachtete dann für längere Zeit die Toilette, wobei ich abzuschätzen versuchte, ob ich mich übergeben würde oder nicht.

Ein halbes Dutzend Aspirin und drei Glas Wasser später stieg ich vorsichtig die Treppe hinunter. Ich dachte gerade an pochierte Eier und trockenen Toast – und vielleicht, wenn ich sie vertrug, eine halbe Tasse Kaffee –, als ich planlos ins Wohnzimmer schlenderte und sie dort auf der Couch zusammengekauert sitzen sah. Ihre Augen waren rot, ihr Make-up verschmiert, und sie hatte noch immer dieselben Sachen wie am Vorabend an. Neben ihr lag, in eine handtuchgroße rosa Decke gewickelt, das Baby.

»Cindy?«

Sie strich sich das Haar aus dem Gesicht und musterte mich mit leicht zusammengekniffenen Augen. »Ich wußte nicht, wo ich sonst hätte hingehen können«, murmelte sie.

»Willst du damit sagen, daß er –?«

Ich hätte sie vermutlich in die Arme nehmen sollen, hätte meinen Beraterwortschatz nach Perlen des Trostes und der Ermutigung durchkramen sollen, aber ich konnte es nicht. Widerstreitende Gedanken schossen mir durch den Kopf, Säure stieg mir in die Kehle, und das Baby – zum erstenmal, seit ich es zu Gesicht bekommen hatte, bei Bewußtsein – fixierte mich mit einem ruhigen, unverwandten anklagenden Blick. Das war nicht, was ich gewollt hatte, ganz und gar nicht.

»Hör mal«, sagte ich, »kann ich dir irgendwas bringen – eine Tasse Kaffee oder Cornflakes oder sonstwas? Milch für das Baby?«

Sie schüttelte den Kopf und begann kleine kummervolle, gequälte Geräusche von sich zu geben. Sie biß sich auf die Lippe und wandte das Gesicht ab.

Ich fühlte mich wie ein Schwerverbrecher. »Gott«, sagte ich, »es tut mir leid. Ich wollte nicht –« Ich machte einen Schritt auf sie zu und hoffte, sie würde mit ihrem verweinten Gesicht zu mir aufsehen, mir sagen, daß es nicht meine Schuld war, tapfer von der Couch aufstehen und entschlossenen Schritts aus meinem Haus und meinem Leben verschwinden.

In diesem Augenblick klopfte es an der Tür. Wir erstarrten beide. Es klopfte noch einmal, lauter, donnernd, das Geräusch der Wut und Ungeduld. Ich durchquerte das Zimmer, öffnete die Tür mit einem Ruck, und da stand Joey auf der Stufe. Er war bleich und sein Haar zerwühlt. Als die Tür aufging, bohrten sich seine Augen mit einem Ausdruck des Hasses und der Verachtung in meine. Ich machte keine Anstalten, die Windfangtür, die uns trennte, zu öffnen.

»Willst du sie?« stieß er aus und bohrte die Spitze seines Stiefels in die Fußmatte, wie ein Widder, der den Boden scharrt, bevor er angreift.

Ich war ihm gegenüber um fünfzehn Zentimeter und vierzig Pfund im Vorteil; ich hätte durch die Tür stürmen und meine Schuld in Blut ertränken können. Aber es war nicht Joey, dem ich weh tun wollte, es war Fred. Beziehungsweise, nein, eigentlich, tief innen, wollte ich Judy weh tun. Ich schaute ihm durch den dünnen Fliegendraht hindurch in die Augen und sah dann weg.

»Du kannst sie nämlich haben«, fuhr er fort, ohne Nashville-Näseln diesmal, in reinstem Brooklyn-Akzent. »Sie is eine Hure. Ich kann keine Hure brauchen. Scheiße«, stieß er aus, indem er an mir vorbei zu ihr hinübersah, die zusammengekauert mit dem Baby auf der Couch saß, »Elvis hat hundert wie die da durchgemacht. Tausend.«

Cindy starrte auf den Fußboden. Ich hatte nichts zu sagen.

»Leckt mich am Arsch«, sagte er abschließend, drehte sich um und marschierte über den Rasen davon. Ich sah ihm zu, wie er die Tür des Lieferwagens zuknallte, den Motor anwarf und rückwärts aus der Auffahrt heraussetzte. Dann war der Junge, der zu rocken wagte, verschwunden.

Ich sah Cindy an. Sie hatte die Knie ans Kinn hochgezogen und weinte leise. Ich wußte, daß ich sie hätte trösten, ihr hätte sagen sollen, daß alles gut werden, daß sich schon alles einrenken würde. Aber ich tat's nicht. Das war keine schwangere Fünfzehnjährige, die ihre Mutter haßte, oder eine Halbwüchsige, die die Cheerleader-Übungen schwänzte, um Pot zu rauchen und in der Videospielhalle herumzuhängen – das war kein Problem, das von selbst aus meinem Büro spazieren und wieder nach Hause gehen würde. Nein, das Problem war direkt vor meiner Tür, hier auf meiner Couch: Ich war persönlich betroffen – ich war verantwortlich – und ich wollte nichts damit zu tun haben.

»Patrick«, stammelte sie endlich. »I–ich weiß nicht, was ich sagen soll. Ich meine« – und hier war sie wieder kurz davor, in Tränen auszubrechen –, »ich fühl mich so, als ob ... als ob –«

Ich erfuhr nicht mehr, wie sie sich fühlte. Nicht zu der Gelegenheit jedenfalls. Denn in diesem Augenblick klingelte das Telefon. Von oben, aus dem Schlafzimmer. Cindy verstummte mitten im Satz; ich erstarrte. Es klingelte zweimal, dreimal. Wir sahen uns an. Beim vierten Klingelzeichen drehte ich mich um und rannte die Treppe hoch.

»Hallo?«

»Pat, hör mich an.« Es war Judy. Sie klang atemlos, als sei sie gerannt. »Häng jetzt nicht ein. Bitte.«

Das Blut hämmerte mir im Kopf. Der Hörer wog sechs Tonnen. Ich schaffte es kaum, ihn ans Ohr zu halten.

»Ich hab einen Fehler gemacht«, sagte sie. »Das weiß ich. Fred ist eine Null. Ich hab ihn vor drei Tagen in so einer Weinkellerei in St. Helena verlassen.« Es entstand eine Pause. »Ich bin jetzt unten in Monterey und fühl mich einsam. Ich vermiß dich.«

Ich hielt den Atem an.

»Pat?«

»Ja?«

»Ich komm heim, okay?«

Ich dachte an Joey, an Cindy unten im Wohnzimmer mit ihrem Baby. Ich sah aus dem Fenster auf das Haus nebenan, das jetzt wieder leerstand, und dachte an Henry und Irma und an die Jahre, die vergehen. Und ich spürte, wie etwas nachgab, als sei ein Bann gebrochen.

»Okay«, sagte ich.

LAUREN GRODSTEIN

Satelliten oder Flugzeuge

Wir sind zu siebt in der Küche, also sechs Leute zu viel, aber ich bin voll damit beschäftigt, aufzupassen, dass mir die Kartoffeln nicht anbrennen, und mir fehlt die Energie, irgendjemanden rauszuschmeißen. Leigh ist da, mit ihrem Freund Danny, dann die Zwillinge, außerdem noch Catherine und der Kleine Mann, der in einer Ecke auf einem Stuhl sitzt und an einer verschorften Wunde auf seinem Knie kratzt, während das Chaos ihn umbrandet. Es ist die Küche eines Hauses in einem Brooklyner Straßenzug, nicht winzig, aber auch alles andere als geräumig, und da es ja auch ein Spielzimmer und einen Garten und ein äußerst gemütliches Wohnzimmer gibt, weiß ich wirklich nicht, was die alle hier zu suchen haben.

»Butter«, bemerkt Leigh, die in solchen Dingen pingelig ist. »Ich mag es nicht, wenn du so viel Butter dranmachst.«

»Ich mag es nicht, wenn du mir beim Kochen zuschaust«, entgegne ich und versuche, sie rauszuscheuchen. »Warum geht ihr eigentlich nicht alle woanders hin?«

»Geht irgendwo anders hin, Leute«, kommandiert Leigh, während die Zwillinge ihre ›Jacks‹-Spielfigürchen auf den Fußboden schütten, um sie sofort darauf nach den Regeln des Spiels eilig wieder aufzuheben.

»Geht woanders hin«, wiederholt Catherine. Sie sitzt am Küchentisch, lackiert sich die Nägel und schaut nicht auf. Von uns allen braucht Catherine am längsten, um sich zu erholen. Sie hat noch immer nicht den Weg zurück zur Schule gefunden, geht nie aus, isst kaum etwas. Sie verbringt viel Zeit mit dem Lackieren ihrer Nägel oder sitzt still neben dem Kleinen Mann und schaut fern. Sie ist erst neunzehn, hat aber jetzt schon tiefe Ringe unter den Augen. Ich habe unserem Vater gesagt, wir sollten sie am besten zu einem Psychiater schicken, aber obwohl er wohl derselben Meinung war, hat er nie etwas in der Richtung unternommen.

Heute Abend hat unser Vater Geburtstag, und ich möchte ein Abendessen kochen, das ihm schmeckt, es dabei aber auch nicht übertreiben oder etwas machen, was meine Mutter gemacht hätte. Es ist sein zweiter Geburtstag ohne sie, und der erste war drei Wochen nach ihrem Tod, so dass wir ihn nicht gefeiert haben. Eigentlich hatten wir nicht mal dran gedacht, und es fiel uns erst mit zwei Wochen Verspätung auf. Wir versuchten zwar, es mit einem kleinen Kuchen und ein paar Geschenken wettzumachen, aber er lächelte nur schwach. Es war sein Sechzigster, und wir hätten ihn wohl nicht vergessen dürfen, aber in jenem Jahr war alles so schwer.

»Einundsechzig«, sagt Leigh und piekst mit einer Gabel in die Kartoffeln. Ich sautiere sie mit Pilzen, Speck und Zwiebeln; sie riechen großartig. »Ich kann kaum glauben, dass unser Dad schon so ein alter Mann ist.«

»Nimm die Pfoten aus meinen Kartoffeln, Leigh«, sage ich.

»Hast du Speck genommen?«

»Raus.«

»Los, komm, Danny«, sagt Leigh. »Wir sind hier unerwünscht.«

Danny hockt bei den Zwillingen auf dem Boden und schaut zu, wie sie ›Jacks‹ spielen. Er und Leigh machen nächsten Monat ihren Abschluss an der Highschool, und danach werden sie aufs College gehen; einer bleibt an der Ostküste, der andere, geht an die Westküste, aber Leigh sagt, das störe sie nicht weiter. Sie behauptet, sie sei an Trennungen gewöhnt. »Ich spiele«, erklärt Danny.

»Er spielt nicht«, widerspricht Mariel, der weibliche Zwilling. »Er *schaut* nur *zu*.«

»Also, vielleicht könntet ihr ja alle irgendwo anders spielen oder zuschauen oder was auch immer. Ich kann in dieser Küche kaum atmen. Ich kann nicht denken.«

»Aber es riecht so *köstlich!*«, sagt Donovan, der

andere Zwilling. »Es riecht, als würde *Mommy* kochen.«

Oh, nein. Auf die Tour lass ich mich nicht einwickeln.

»Tut mir leid, Leute. Alle raus.«

»Ich hasse es, wenn du uns so rumkommandierst«, seufzt Mariel und sammelt die ›Jacks‹-Figuren ein. »Du bist hier nicht der Chef, weißt du.«

»Was euch beide betrifft: doch. Passt auf, dass ihr alle Jacks mitnehmt. Wenn ich auf einem ausrutsche, werd ich echt sauer.«

»Du bist hier wirklich nicht der Chef«, wiederholt Donovan die Worte seiner Schwester. Die Zwillinge beißen sich gern an bestimmten Spielsachen oder Nahrungsmitteln oder Gedanken fest und lassen nicht wieder locker. Mir kommt es so vor, als würden sie sich jetzt kindischer benehmen als mit neun. Aber vielleicht ist das ja auch normal für Zwölfjährige, ich weiß es nicht. Ich kann mich überhaupt nicht daran erinnern, wie es mit zwölf war. Zwölf, das war vor Jahrhunderten.

Danny, Leigh und die Zwillinge ziehen ab, unterwegs überall Jacks verstreuend, und ich kann hören, wie sie sich im Wohnzimmer darüber streiten, ob sie den Fernseher anstellen oder sich lieber die neue Fatboy-Slim-CD anhören sollen. Ich höre, wie Donovan Mariel »Arschgesicht« nennt und wie Mariel mit »Volltrottel« kontert, worauf die Titelmelodie der *Simpsons* losplärrt, was bedeutet, dass offensichtlich die Jungs die Auseinandersetzung gewonnen haben.

Catherine ist noch immer damit beschäftigt, ihre Nägel silberfarben zu lackieren. Der Kleine Mann sitzt immer noch auf seinem Hocker in der Ecke und schaut mir beim Kochen zu.

»Was gibt's noch?«, fragte er.

»Was gibt's noch was?«

»Zum Essen«, sagt er. Für einen Zehnjährigen hat er einen äußerst gebieterischen Tonfall. Er erliegt nie einem der babyhaften Ticks der Zwillinge und verfällt auch nie in ihr Gejammer.

»Lammkeule«, antworte ich. »Petersiliensalat. Vichyssoise.«

»Kuchen?«, fragt der Kleine Mann.

»Im Kühlschrank. Ich hab ihn bei ›Hausmütterchen‹ bestellt.«

»Karottenkuchen«, sagt der Kleine Mann. »Mit Frischkäse-Guss?«

»Natürlich«, antworte ich und kehre den Kartoffeln einen Moment lang den Rücken, um ihn auf den Kopf zu küssen. Von allen Geschwistern ist er mir der liebste.

Wir setzen sechs Kerzen auf den Kuchen, und Leigh und Mariel tragen ihn mit viel Gesinge und Gepolter auf; dann überreichen wir Dad sein Geschenk, ein neues Tourenrad. Er wirkt weder glücklicher noch unglücklicher als das ganze Jahr.

Unser Vater ist ein gut aussehender Einundsechzigjähriger mit massenhaft grauem Haar und leuchtend blauen Augen. Er hat eine schiefe Nase, weil er sie sich als junger Mann so oft gebrochen hat, als er Baseball und Football spielte und boxte. Dad ist ein erfolgreicher Steueranwalt und ein sympathischer Mensch, reserviert, aber freundlich. Fein. Er wird sich bestimmt bald wieder nach einer Frau umschauen. Die Frauen werden die ganze Straße entlang Schlange stehen und ihm reinen Ahornsirup, Landhäuschen auf Nantucket oder Diplome in Kunstgeschichte anbieten. Gerade diese Sorte Frau hält meinen Vater für einen richtig guten Fang.

Wir sitzen auf unseren üblichen Plätzen: mein Dad am einen Ende des Tischs, Catherine zu seiner Linken, Leigh zu seiner Rechten. Danny sitzt neben Leigh, und auf seiner anderen Seite sitzt der Kleine Mann mit einem leuchtend orangefarbenen Sweatshirt, auf dem »Happy Turbo-Affen-Ringer« steht. Mein Vater hat ihm das Sweatshirt letztes Jahr aus Tokio mitgebracht und nie gedacht, dass der Kleine Mann es tatsächlich tragen würde. Aber er trägt es, beinahe täglich, und ich glaube, mein Dad findet das witzig. Er scheint nie zu wissen, was er von seinen Kindern zu erwarten hat, wie nah er uns überhaupt kommen kann oder auf was er sich als Nächstes einstellen muss.

Auf der anderen Seite des Tischs sitzen die

Zwillinge, blond und sommersprossig, Donovans Brille mit Kunststoff-, Mariels mit Metallgestell. Sie zappeln auf den Stühlen herum, die meine Mutter von einem Antiquitätenmarkt in Bedford mitgebracht hat – im Gegensatz zu Catherine und dem Kleinen Mann haben sie nie gelernt, brav zu sein und stillzusitzen. Ich sitze am anderen Ende des Tischs, dicht bei der Küche und meinem Vater gegenüber. Von hier aus kann ich ein Auge auf meine Familie haben, bin aber auch schnell beim Essen, damit alles gar und heiß auf den Tisch kommt.

Das Essen war gut – das Lamm in dünnen Scheiben angebraten und mit einer Minz-Sauce serviert, deren Rezept aus einem der alten Kochbücher meiner Mutter stammt. Die Idee für die Vichyssoise habe ich aus einer Kochsendung, und die Kartoffeln sind meine eigene Kreation. Mir geht plötzlich, gleichermaßen von Schuldgefühlen wie Stolz begleitet, der Gedanke durch den Kopf, dass das Essen meiner Mutter nie so tadellos war. Irgendein Teil der Mahlzeit war immer entweder noch nicht gar oder schon angebrannt. Sie ist jetzt seit einem Jahr tot, und ich frage mich: Sollte nicht die Trauer meine Erinnerungen zurechtgestutzt und nur das Gute übrig gelassen haben? Bin ich unloyal – oder schlimmer noch, lieblos –, nur weil ich nicht vergessen habe, dass die Küche zu ihrer Zeit oft einem Schlachtfeld glich, dass der Kleine Mann seine Wäsche im Spielzimmer rumliegen ließ und die Zwillinge einmal zwei Wochen am Stück nicht in der Badewanne waren?

»Cynthia!«

»Entschuldigung, was?«

Leigh lächelt mich an. »Wir sagten gerade, was du für eine gute Köchin bist.«

»Eine geborene Haushälterin«, meint Catherine, und ich spüre, wie ich rot werde.

»Ich bin keine geborene Haushälterin«, sage ich.

»Natürlich nicht«, erwidert mein Vater. Da, wo mein Vater herkommt, bedeutet »Haushälterin« dasselbe wie »Dienstmagd«.

»Einfach nur eine ausgezeichnete Köchin«, sagt Danny.

»Ich? Nein. Na ja, danke, aber das bin ich eigentlich gar nicht.«

»Ich denke doch«, sagt Dad, womit die Sache erledigt wäre. Er zieht eine Zigarre aus seiner Jacketttasche. »Möchte einer von euch mit raus in den Garten kommen und eine rauchen?« Er weiß, dass Catherine raucht, ebenso Danny, und obwohl in unserer Familie die Anfälligkeit für Krebs so verbreitet ist wie Linkshändigkeit in manchen anderen, betrachtet unser Dad den Tabak als eine der großen Freuden des Lebens. Die würde er keinem von uns vorenthalten wollen.

»Ich komme mit«, sagt Danny.

»Ich helfe Cynthia beim Abwasch«, erklärt Catherine, aber ich protestiere eilig.

»Nein, sei nicht albern. Geh du nur mit Dad. Den Abwasch schaff ich schon. Die Zwillinge können mir helfen.«

»Wir helfen nicht«, sagt Donovan, aber ich werfe ihm einen finsteren Blick zu, und da nimmt er einen Teller vom Tisch. »Diese ewige Helferei ist *zum Kotzen.*«

Catherine seufzt, noch immer mit leerem Blick, und verschwindet hinaus in den Garten. Nachdem sie einmal weg ist, wende ich mich meinen Schäfchen zu. »Okay, Mariel, Donovan, ihr beide räumt den Tisch fertig ab. Leigh, du kannst mir bitte helfen, die Spülmaschine einzuräumen. Kleiner Mann ...« Der Kleine Mann schaut zu mir auf, das Gesicht rund und still. »Kleiner Man, geh du nur mit Dad nach draußen, ein bisschen Luft schnappen.«

»Ich würde lieber hier sitzen bleiben«, sagt der Kleine Mann.

»Okay«, antworte ich. Ich kann ihm nichts abschlagen. »Bleib nur da sitzen. Das ist schon in Ordnung.«

Später am Abend, nachdem die Küche aufgeräumt ist, der Kleine Mann im Bett liegt, die Zwillinge im Spielzimmer sind und mein Vater mit Danny und Leigh einen Geburtstagsbummel durchs Viertel macht, sitze ich mit Catherine am Küchentisch und trinke Tee.

»Also, das lief doch gut«, sage ich in der Hoffnung, dass sie zustimmt.

»Das Essen war gut«, antwortet sie schlicht, was nicht unbedingt eine Zustimmung ist, aber auch nicht unbedingt als Widerspruch zu werten.

»Also, ich glaube jedenfalls, dass Dad gerührt war.«

»Wusstest du, dass er seine Sekretärin vögelt?«

Fast hätte ich meinen Tee ausgespuckt. »Was? Woher weißt du das?«

Catherine lächelt ein wenig. Es freut sie, wenn es ihr gelingt, mich zu schocken. Sie schiebt sich das Haar aus dem Gesicht und sagt: »Ziemlich phantasielos, ich weiß. Ich meine, das ist schon ganz schön schwach, dass er ausgerechnet mit seiner Sekretärin anfängt.«

»Woher weißt du das, Catherine?«

»Ich weiß es gar nicht sicher«, antwortet sie und pustet auf ihren Tee. »Eigentlich ist es nur eine Vermutung.«

»Da hast du aber ganz schön danebengetippt.«

»Warum schert dich das?«

»Dad ist nicht der Typ dafür.«

»Aber findest du nicht auch, dass er eigentlich mit einer Frau schlafen müsste? Mom ist schließlich jetzt schon ungefähr ein Jahr unter der Erde.«

»Red nicht so«, entgegne ich verärgert. »Sag nicht, sie ist ›unter der Erde‹.«

»Na ja, wie würdest du das denn nennen?«

»Tot«, antworte ich. »Sag einfach, dass sie tot ist.«

»Mit irgendjemandem muss er ja wohl vögeln«, wiederholt Catherine und lässt Honig in ihren Tee tröpfeln. »Er ist ein vollblütiger amerikanischer Mann. Außerdem ist er in letzter Zeit so verdammt fröhlich.«

»Na und?«

»Und was macht Männer glücklich?«

»Ich weiß es nicht, Catherine«, antworte ich. Bei ihr bin ich immer so schnell fix und fertig. »Ich weiß es wirklich nicht.

»Vögeln«, sagt Catherine. »Was denn sonst? Da er aber keine Anrufe hatte, der Familie niemanden vorgestellt hat und nichts dergleichen, müssen wir davon ausgehen, dass er keine richtige Freundin hat. Wenn er aber keine richtige Freundin hat, dann besorgt er's wahrscheinlich irgendeiner heimlich, irgend so einem dummen Huhn, das keine Erwartungen hat.«

»Du zauberst da unglaubliche Schlussfolgerungen aus dem Nichts.«

»Wer aber hat keinerlei Erwartungen? Wer würde von unserem armen, alten Dad überhaupt nichts verlangen?«

»Catherine«, sage ich und versuche, drohend zu klingen.

»Seine Sekretärin«, verkündet sie wie Sherlock Holmes, wenn er den Fall löst. »Es muss seine Sekretärin sein.«

»Welche?«, fordere ich sie heraus.

Catherine seufzt. »Noch habe ich nicht alle Antworten«, sagt sie. »Aber ich werde sie finden.«

»Ich glaube, du spinnst«, erkläre ich und stehe auf, um meinen Tee wegzuschütten.

»Ich glaube, du bist eifersüchtig«, entgegnet sie mit einem leisen Lächeln.

Als sie von ihrem Spaziergang zurückkommen, warte ich auf der Vorderveranda. Danny und Leigh gehen ins Haus, aber Dad setzt sich neben mich. Er hat die Ärmel hochgekrempelt, und er riecht nach Zigarrenrauch. »Danke für das Essen, Cyn«, sagt er.

»Gern geschehen«, antworte ich. Obwohl ich kein Wort von dem glaube, was Catherine sagt, würde ich ihn doch gerne fragen. Es geht mich natürlich nichts an. Eigentlich ist es mir auch egal, aber neugierig bin ich doch. Doch noch bevor ich die Frage stellen kann, sagt er selbst etwas.

»Erinnerst du dich an Jim aus meinem Büro? Er besitzt ein paar kleinere Häuser in Greenwich Village. Er sagte mir, eine seiner Wohnungen sei zu vermieten und er würde sich freuen, wenn du sie nimmst.«

»Was?«, frage ich.

»Na ja, du bist jetzt dreiundzwanzig, Schatz. Meinst du nicht, es wird allmählich Zeit für eine eigene Wohnung?«

»Du brauchst mich hier«, entgegne ich. Das Thema ist völlig neu.

»Ich denke, wir werden schon zurechtkommen«, sagt Dad und gluckst wieder in sich hinein, noch immer mit ganz warmer, freundlicher Stimme. »Schau mal, Schatz, ich hab dich wirklich gerne hier. Du bist eine große Hilfe mit den Kindern und im Haus. Ich weiß wirklich zu schätzen, was du alles für uns getan hast. Aber du hast einen College-Abschluss, oder? Du möchtest Jura studieren, oder?«

»Das hat Zeit, Dad. Ich glaube wirklich, dass ich hier gebraucht werde.« Nur einen Moment lang stelle ich mir Dads Sekretärin vor, die jüngere, eine richtige dumme Blondine. Ich stelle mir vor, wie sie in unser Haus zieht, dem Kleinen Mann Mittagessen macht, bei den Fußballspielen der Zwillinge zuschaut und das Geburtstagsessen kocht.

»Ich glaube, dass du, so wie die Dinge stehen, ausgenutzt wirst, Schatz. Ich glaube, es wird Zeit, dass du ausziehst. Ich habe Jim gesagt, dass wir die Wohnung nehmen.«

»Ich will keine Wohnung in Greenwich Village, Dad.« Ich kann nicht glauben, dass er mich loswerden will.

»Sie ist hübsch«, sagt Jim. »Ein richtiges Einzimmerapartment an der Perry Street. Es gibt da einen Portier und einen Kamin, ach, und noch was, ich glaube, er sagte Parkettboden.«

»Ich will es nicht.«

Dad seufzt. »Deine Mom würde wollen, dass du dein eigenes Leben führst, Cyn«, erklärt er. Das ist immer seine Trumpfkarte, was Mom wollen würde.

»Ich habe mein eigenes Leben, Dad«, sage ich und ziehe die Knie an die Brust. »Und ich glaube wirklich, dass ich hier gebraucht werde.«

Er schweigt einen Moment lang und hüstelt sich dann in die Faust. »Ich habe Jim gesagt, dass wir das Apartment nehmen«, wiederholt er. »Ich glaube, es ist an der Zeit.«

Gegen zwei Uhr morgens, allein in der Küche, öffne ich das Fenster und schaue in den Himmel hinauf. Wir sehen hier nur selten Sterne; normalerweise werden sie von den hellen Lichtern Manhattans überstrahlt. Aber schon als kleines Mädchen habe ich immer nach Sternen über dem Garten Ausschau gehalten, seit meine Mutter mich einmal ins Hayden Planetarium mitnahm, um mir die Sternbilder zu zeigen. Heute Abend meine ich zum ersten Mal seit langem den Polarstern zu sehen. Und vielleicht Orions Gürtel. Ich möchte das dem Kleinen Mann zeigen.

Die Lichter in der Diele sind aus, aber ich kann die Umrisse der Picassozeichnung erkennen, die im Treppenhaus hängt. Es ist die Skizze eines Mädchens mit Blumen in der Hand, ein Mädchen, von dem ich immer denke, dass es mich anlächelt. Ich lächle zurück wie immer und gehe dann auf Zehenspitzen die dunkle Holztreppe zu dem Zimmer hoch, das der Kleine Mann sich mit Donovan teilt. Ich kann Danny und Leigh im Wohnzimmer beim Rumknutschen hören.

»Kleiner Mann«, flüstere ich vor der Tür. Wie Catherine und ich leidet der Kleine Mann an Schlaflosigkeit, ein ziemlich bedauernswerter Zustand für einen Zehnjährigen. »Bist du wach?«

Er schiebt sein trauriges, rundes kleines Gesicht durch die Tür. »Natürlich«, antwortet er.

»Komm mit mir nach draußen«, sage ich. »Man kann Sterne sehen.«

»In Ordnung«, antwortet der Kleine Mann. Er trägt einen Altmännerpyjama, blau gestreift, genau wie der von Dad. Ich bin in Nachthemd und wattiertem Morgenrock, die Haare sind zum Knoten hochgesteckt. Ich trage meine hässliche schwarze Brille. Im Stillen denk ich mir, dass ich mich gerade dumm und sentimental verhalte, wie ich mitten in der Nacht meinen kleinen Bruder in den Garten rausschleppe. Aber ich gehe trotzdem mit ihm runter und hinten zur Tür raus. Draußen ist es kühl, Frühling; die Rosen, die ich letzten

Sommer gepflanzt habe, blühen gerade auf, in leuchtend rosa Tupfern unter den Bewegungsmelderleuchten.

»Und?«, fragt der kleine Mann erwartungsvoll.

»Orions Gürtel«, erkläre ich und zeige hin. »Kannst du ihn da oben sehen?«

»Ich denke schon«, antwortet er und hält kurz inne. »Nächste Woche haben wir Internationalen Tag an der Schule. Du musst mir ein Kostüm nähen.«

»Natürlich«, antworte ich und versuche es wieder. »Kannst du die Sterne sehen?«

»Kaum«, antwortet der Kleine Mann. »Vielleicht sind das einfach nur Satelliten oder Flugzeuge oder so was.«

»Nein«, entgegne ich und drehe seinen Kopf nach rechts oben. Er hat ganz glatte Haut, richtige Babyhaut, und ich überlege, wie schade es ist, dass sein Gesicht in ein paar Jahren rauh und stoppelig sein wird. »Das ist Orions Gürtel. Da oben rechts. Ganz sicher.«

»Ich wäre gerne ein Araber«, sagt er. »Kannst du mir einen Burnus machen?«

»Natürlich«, wiederhole ich frustriert. »Jetzt schau dir doch einfach mal die Sterne an.«

Der Kleine Mann seufzt. Ich stehe hinter ihm, die Hände noch immer auf seinem Gesicht. In ein paar Jahren wird der Kleine Mann nicht mehr zulassen, dass ich ihn berühre, und wird nicht mehr nur wegen irgendwelcher Sternbilder mit mir in den Garten rauskommen. Er braucht mich dann nicht mehr, um ihm ein Kostüm zu nähen oder Mittagessen zu machen, und dann werde ich wohl wissen, dass es Zeit zum Gehen ist.

»Vielleicht sind es ja echte Sterne«, räumt er ein. »Vielleicht ja doch nicht nur Flugzeuge.«

»Sie könnten Mom sein«, sage ich und verblüffe mich damit selbst, weil ich eigentlich nicht glaube, dass unsere Mutter im Himmel ist und auf uns runterschaut, obwohl ich manchmal wünschte, ich könnte das glauben.

Der Kleine Mann lässt sich auf so was nicht ein. »Ach, bitte, Cynthia«, sagt er und dreht sich um. Er verschränkt die dünnen Ärmchen vor der mageren kleinen Brust. »Sag das nicht um *meinet*willen.«

»Tu ich nicht«, antworte ich und schiebe mir die Brille die Nase hoch. Wir schauen uns eine Minute lang an, und er kneift seine runden Augen mit der Verachtung eines Zehnjährigen zusammen. Um Frieden zu schließen, sage ich: »Ich weiß, dass du für so was zu klug bist.«

»Gut«, antwortet er und lässt die Arme sinken. Er dreht sich um, schaut wieder zu den Sternen hoch und empfindet vielleicht ein wenig Mitleid mit mir. Er beschließt, großzügig zu sein. »Na ja, vielleicht ist der da ja Mom«, sagt er leise. »Da oben beim mittleren Gürtelstern. Schau, der fla-ckernde Stern.«

»Genau der«, antworte ich und fühle mich dumm dabei. Ich sollte ihn nicht dazu zwingen, mir einen Gefallen zu tun. Unsere Mutter liegt in einem Familiengrab im Norden von New York. »Morgen nähe ich dir einen Burnus.«

»Okay«, sagt er und nimmt meine Hand. Wir gehen ins Haus zurück. »Danke.«

UWE TIMM

Sonntagnachmittag

Ullrich erzählte von Ullrich, der damals noch Ulli hieß, und von Moritz dem Foxterrier. Also:

Es war kurz nach der Währungsreform, da hatten sie einmal einen Kriegskameraden seines Vaters besucht. Mit dem war sein Vater in Rußland durch dick und dünn gegangen, wie der damals immer sagte. Sie standen also, sein Vater, seine Mutter (sein kleiner Bruder Manfred war damals noch nicht da), der Foxterrier Moritz und er, der kleine Ulli, an einem Sonntagnachmittag bei dem Kameraden vor der Tür und klingelten. Aber niemand öffnete, und sein Vater sagte: Komisch, da ist doch jemand, man hört doch Geschirrklappern, und klingelte nochmals das vereinbarte Doppelzeichen. Vielleicht haben die schon gegessen, sagte Ullis Vater.

Die beiden Familien besuchten sich nämlich manchmal unangekündigt zur Essenszeit.

Endlich wurde die Haustür geöffnet, und der Kamerad sagte: Hallo, ihr, das ist ja eine Überraschung.

Es riecht nach Gebratenem und Ullis Vater fragt, ob sie auch nicht stören beim Essen. Aber der Kamerad sagt: Selbstverständlich nicht, sie seien leider gerade mit dem Essen fertig geworden, schade, etwas früher und sie hätten mitessen können, es sei fast zu reichlich gewesen.

Und die Tochter des Kameraden trägt gerade das Geschirr in die Küche.

Was gab es denn?

Was ganz Außergewöhnliches, sagt der Kamerad, Gänsebraten.

Alle seufzen und sagen: Gänsebraten.

Woher hast du denn die Gans?

Organisiert beim Tommy, getauscht gegen ein Deutsches Kreuz in Gold und eine silberne Nahkampfspange.

Donnerwetter, sagt Ullis Vater, du bist ja doch noch der alte. Der Kamerad lacht und sagt, ja, ja, man tut, was man kann, aber er sagt das so merkwürdig hastig, leider müßten sie gleich weg, und Ullis Vater sagt darauf: sie hätten auch nur mal kurz vorbeisehen wollen, schnell mal guten Tag sagen. Wir gehen gleich wieder. Aber da schlägt der Kamerad Ullis Vater auf die Schulter, kameradschaftlich, was dem kleinen Ulli immer gefallen hat, und sagt: Kommt doch wenigstens einen Augenblick rein.

Sie gehen alle ins Wohnzimmer, wo es besonders gut riecht, und da kriecht Moritz sofort unters Sofa, wobei sich der Kamerad und seine Frau ansehen, und der Kamerad ist auf einmal ganz einsilbig, was er doch sonst nie ist, sonst ist er immer zu Scherzen aufgelegt, greift Ulli in die Haare und so, aber jetzt, jetzt sagt er gar nichts, und Ullis Eltern setzen sich auf das Sofa, unter dem es kratzt und zerrt, und Ullis Vater sagt: Pfui und Ksch und willst du wohl.

Aber der Kamerad sagt, Mensch, laß doch den Hund spielen, der stört doch niemanden, aber er sagt das gar nicht so überzeugend, wie er sonst etwas sagt, und seine Frau wird erst rot und dann wieder blaß, während unter dem Sofa ein Geschmatze und Geschlappe anfängt, und der Kamerad sagt, er hätte neulich, rein zufällig, den Zörn getroffen, der damals den Stoßtrupp geführt hat, bei Woronesh, als auch der Bataillonskommandeur fiel.

Nicht Woronesh, sagt Ullis Vater, das war bei Kursk, und weil das Geschmatze unter dem Sofa immer lauter wird und weil der Kamerad schon wieder einen Angriff auf Charkov mit einem Ausbruch aus dem Kessel von Tscherkassy verwechselt, fragt sein Vater, was denn der Hund da unten treibt, und gibt Ulli den Befehl, sofort den Köter unter dem Sofa hervorzuholen, wogegen der Kamerad heftig protestiert und sagt, man solle doch wenigstens dem Hund seine Freude lassen, in diesen Hundezeiten, und die Frau des Kameraden will Ulli, als der sich auf den Boden legen will, sogar festhalten.

Also, der kleine Ulli kriecht an das Sofa ran und ruft: Der frißt da was. Aber was, das konnte er nicht erkennen, und er versucht, Moritz am Halsband unter dem Sofa hervorzuziehen. Aber der schnappt nach seiner Hand, was Moritz noch nie getan hat, und knurrt.

Alle sind aufgesprungen und reden durcheinander, und die Tochter des Kameraden lacht und lacht.

Sofort raus mit dem Köter, befiehlt Ullis Vater.

Ulli stöbert Moritz auch endlich auf, und der kriecht mit dem Hinterteil voran unter dem Sofa hervor, und hinter sich her zieht er eine große gebratene Gans.

Er hatte schon ganze Batzen herausgerissen. Rückwärts zieht er die Gans über den Teppich quer durchs Wohnzimmer zum Vertiko und knurrt und reißt und schlingt.

Als Ullis Mutter eingreifen will, sagt der Kamerad immer noch: Nun laß doch den Hund.

Jahrelang

Jahrelang hatte ich geglaubt, diese Frau sei aus meinem Leben verschwunden, nicht sehr weit zwar, aber doch komplett daraus verschwunden.

Es gebe sie nicht länger, sie wohne ganz weit weg, sie sei nie wirklich hübsch gewesen, sie gehöre der Welt der Vergangenheit an. Der Welt, als ich noch jung und romantisch war, als ich noch glaubte, die Liebe halte ewig und nichts sei größer als meine Liebe zu ihr. Der ganze Schwachsinn halt.

Ich war sechsundzwanzig Jahre alt und stand in einem Bahnhof auf dem Bahnsteig. Ich begriff nicht, wieso sie so sehr weinte. Ich schloß sie in die Arme und vergrub mich in ihren Nacken. Ich glaubte, sie sei unglücklich, weil ich wegfuhr, und sie wolle mich ihre Verzweiflung sehen lassen. Und dann, einige Wochen später, nachdem ich am Telefon wie ein Bekloppter meinen Stolz mit Füßen getreten hatte oder in allzu langen Briefen nach ihr geseufzt hatte, begriff ich endlich.

Daß sie an jenem Tag schwach geworden war, weil sie wußte, daß sie mein Gesicht zum letzten

Mal sah, daß sie über mich weinte, über meine sterblichen Überreste. Und daß sie schwer daran trug.

Monatelang habe ich mich überall gestoßen.

Ich gab auf nichts acht und habe mich überall gestoßen. Je weher es tat, um so mehr habe ich mich gestoßen.

Ich sah wunderbar heruntergekommen aus: all diese Tage voller Leere, wo ich so tat als ob. Indem ich aufstand, indem ich bis zur Verblödung arbeitete, indem ich schlecht und recht aß, mit meinen Kollegen Bier trank und nicht aufhörte, mit meinen Brüdern dreckige Witze zu machen, wo doch das leiseste Pusten des geringsten von ihnen ausgereicht hätte, mich umzuwerfen.

Aber ich täuschte mich. Es war nicht Tapferkeit, es war Dummheit: weil ich glaubte, sie würde zurückkommen. Daran hatte ich wirklich geglaubt.

Ich hatte nichts kommen sehen, und mein Herz war wirklich zu Bruch gegangen auf einem Bahnsteig in einem Bahnhof an einem Sonntagabend. Ich konnte mich nicht damit abfinden, und ich stieß mich an allem und überall.

Die darauffolgenden Jahre veränderten nichts. An manchen Tagen habe ich mich dabei ertappt, wie ich dachte:

»He? Das ist ja komisch. Ich glaube, gestern

habe ich nicht an sie gedacht.« Und anstatt mich zu beglückwünschen, fragte ich mich, wie es möglich war, wie ich es geschafft hatte, einen ganzen Tag zu leben, ohne an sie zu denken. Vor allem ihr Vorname hat mich verfolgt. Und zwei oder drei scharfe Bilder, die ich von ihr im Kopf hatte. Immer die gleichen.

Ja, so war es. Ich habe morgens die Füße auf den Boden gesetzt, ich habe gegessen, ich habe mich gewaschen, ich habe mich angezogen, und ich habe gearbeitet.

Manchmal habe ich die nackten Körper irgendwelcher Mädchen gesehen. Manchmal, aber ohne daß es mich berührt hätte.

Gefühle: Fehlanzeige.

Und dann bekam ich eines Tages doch noch meine Chance. Als es mir schon gleichgültig geworden war.

Eine andere Frau hat mich kennengelernt. Eine Frau, die völlig anders war, hat sich in mich verliebt, sie hatte einen anderen Vornamen und beschloß, aus mir einen ganzen Mann zu machen. Ohne mich nach meiner Meinung zu fragen, hat sie mich wieder auf die Beine gestellt und mich ein Jahr nach unserem ersten Kuß, zu dem es auf einem Kongreß im Fahrstuhl gekommen war, geheiratet.

Eine unverhoffte Frau. Ich muß sagen, daß ich ziemlich viel Angst hatte. Ich hatte nicht mehr daran geglaubt und habe sie bestimmt sehr oft verletzt. Ich strich ihr über den Bauch und schweifte in Gedanken ab. Ich hob ihre Haare hoch und suchte einen anderen Geruch. Sie hat nie etwas dazu gesagt. Sie wußte, daß mein Geisterdasein nicht mehr von langer Dauer sein würde. Aufgrund ihres Lachens, aufgrund ihrer Haut und aufgrund dieses ganzen Wusts an elementarer und selbstloser Liebe, die sie mir zu geben hatte. Sie hatte recht. Mein Geisterdasein ließ mich glücklich leben.

Im Augenblick befindet sie sich im Nebenzimmer. Sie ist eingeschlafen.

In beruflicher Hinsicht war ich erfolgreicher, als ich es mir je vorgestellt hatte. Man könnte meinen, Verbissenheit zahle sich aus, ich sei im rechten Augenblick am rechten Ort gewesen, hätte die richtigen Entscheidungen getroffen, hätte – ich weiß es nicht.

Auf alle Fälle sehe ich in den erstaunten wie skeptischen Augen meiner früheren Studienkollegen sehr wohl, daß sie ratlos davorstehen: eine hübsche Frau, eine hübsche Visitenkarte und maßgeschneiderte Hemden – bei so wenig anfänglichen Mitteln. Das macht perplex.

Damals war ich vor allem derjenige gewesen, der nur an Mädchen dachte, na ja, an jenes Mädchen, der während der Vorlesungen Briefe schrieb und weder nach den Hintern noch den Brüsten noch den Augen noch sonst was auf den Caféterrassen schielte. Derjenige, der jeden Freitag den ersten Zug nach Paris nahm und am Montagmorgen traurig und mit Ringen unter den Augen zurückkehrte und die Entfernungen sowie den Eifer der Schaffner verfluchte. Eher Harlekin als golden boy, so war es.

Weil ich sie liebte, habe ich mein Studium vernachlässigt, und weil ich mein Studium aufs Spiel setzte und in vielen anderen Dingen unentschlossen war, hat sie mich verlassen. Sie mußte denken, die Zukunft mit einem wie mir wäre zu – ja – unsicher.

Wenn ich mir heute meine Kontoauszüge anschaue, wird mir klar, daß das Leben ein Spaßvogel ist.

Ich habe also gelebt, als wäre nichts gewesen.

Natürlich kam es vor, daß wir uns lächelnd unterhielten, meine Frau und ich, auch mit Freunden, über unsere Studienjahre, über Filme und Bücher, die uns geprägt hatten, und über *unsere Jugendlieben,* Gesichter, die wir unterwegs vergessen hatten und die uns zufällig wieder in den Sinn kamen. Über die Preise in den Cafés und derlei nostalgischen Kram. Über den Teil unseres Lebens, den wir in einem Regal abgelegt hatten. Wir wischten ein wenig Staub. Aber ich habe das alles nie breitgetreten. O nein.

Eine Zeitlang, das weiß ich noch, kam ich jeden Tag an einem Schild vorbei, auf dem der Name der Stadt stand, in der sie meines Wissens lebte, mit Kilometerangabe.

Jeden Morgen auf dem Weg ins Büro und jeden Abend auf dem Weg zurück warf ich einen Blick auf das Schild. Ich warf einen Blick darauf, mehr nicht. Ich bin ihm nie gefolgt. Ich habe zwar daran gedacht, aber schon der Gedanke, den Blinker zu setzen, kam mir vor, als würde ich meine Frau bespucken.

Trotzdem habe ich einen Blick darauf geworfen, das stimmt.

Und dann habe ich die Arbeitsstelle gewechselt. Das war's dann mit dem Schild.

Aber es gab immer auch andere Gründe, andere Vorwände. Immer. Wie viele Male habe ich mich in der Straße umgedreht, mit einem Stich im Herzen, weil ich geglaubt hatte, den Schatten einer Silhouette wahrgenommen zu haben, der – oder eine Stimme, die – oder eine Frisur wie –?

Wie viele Male?

Ich hatte geglaubt, ich würde nicht mehr daran denken, aber es reichte aus, daß ich einen Augenblick lang allein an einem einigermaßen ruhigen Ort war, um sie kommen zu sehen.

Einmal auf einer Restaurantterrasse, vor weniger als sechs Monaten, als der Kunde, den ich einladen sollte, nicht kam, habe ich sie in meiner Erinnerung gesucht. Ich habe meinen Kragen gelockert und den Kellner gebeten, mir eine Schachtel Zigaretten zu bringen. Jene starken und bitteren Zigaretten, die ich damals geraucht habe. Ich habe die Beine ausgestreckt und den Ober gebeten, das Gedeck mir gegenüber nicht wegzunehmen. Ich habe einen guten Wein bestellt, einen Gruaud-Larose, glaube ich, und während ich mit halb geschlossenen Augen rauchte und einen zarten Sonnenstrahl genoß, sah ich sie kommen.

Ich habe sie wieder und wieder angesehen. Ich habe nicht aufgehört, an sie zu denken und an das, was wir taten, wenn wir zusammen waren und wenn wir im gleichen Bett schliefen.

Niemals habe ich mich gefragt, ob ich sie immer noch liebe und welche Gefühle ich ihr gegenüber eigentlich hege. Das hätte nichts gebracht. Aber ich genoß es, sie über den Umweg eines Augenblicks der Einsamkeit wiederzusehen. Das muß ich zugeben, denn es ist die Wahrheit.

Zu meinem Glück hat mir das Leben nicht viele Momente der Einsamkeit beschert. Es sei denn, daß mich ein Kunde vergaß oder daß ich nachts allein im Auto saß, ohne mir Gedanken über den Weg machen zu müssen. Mit anderen Worten, fast nie.

Und selbst wenn ich manchmal bei einem richtigen Blues oder in einem Anflug von Nostalgie Lust dazu hätte und mich dazu hinreißen ließe, beispielsweise einen scherzhaften Ton anzuschlagen und ihre Telefonnummer im Minitel zu suchen oder eine andere Dummheit dieser Art, so weiß ich jetzt, daß das nicht in Frage kommt, denn seit einigen Jahren habe ich richtige Schutzgitter. Von der ganz gnadenlosen Sorte: meine Kinder.

Ich bin vernarrt in meine Kinder. Ich habe drei, Marie, ein großes Mädchen von sieben, Joséphine, ein weiteres von fast vier, und Yvan, mit nicht ganz zwei Jahren der Kleinste. Außerdem war ich es, der meine Frau angefleht hat, mir noch ein drittes zu schenken, ich weiß noch, daß sie von Müdigkeit und Zukunft sprach, aber ich finde Babys ganz allerliebst, ihr Kauderwelsch und ihre feuchten Küsse. Komm schon, habe ich gesagt, schenk mir noch ein Kind. Sie hat sich nicht lange geziert, und allein schon deshalb weiß ich, daß sie meine einzige Freundin ist und daß ich sie nie verlassen werde. Auch wenn mich ein hartnäckiger Schatten begleitet.

Meine Kinder sind das Beste, was mir je passiert ist.

Eine alte Liebesgeschichte ist nichts dagegen. Gar nichts.

So ungefähr hat mein Leben ausgesehen, und dann hat sie letzte Woche ihren Vornamen ins Telefon gesprochen.

»Hier ist Hélèna.«

»Hélèna?«

»Stör ich?«

Ich hatte meinen Kleinen auf dem Schoß, der quietschend versuchte, nach dem Hörer zu greifen.

»Na ja.«

»Dein Kind?«

»Ja.«

»Wie alt ist es?«

»Weshalb rufst du mich einfach so an?«

»Wie alt ist es?«

»Zwanzig Monate.«

»Ich rufe an, weil ich dich gerne sehen würde.«

»Du willst mich sehen?«

»Ja.«

»Was soll der Blödsinn?«

»...«

»Einfach so. Du hast dir einfach gesagt: Ach ja, ich hätte Lust, ihn mal wiederzusehen?«

»So ähnlich.«

»Weshalb? Ich meine, weshalb jetzt? Nach all den Jahr...«

»Zwölf Jahre. Zwölf Jahre sind es jetzt.«

»Von mir aus. Aber was ist los? Bist du plötzlich aufgewacht? Was willst du? Willst du wissen, wie alt meine Kinder sind oder ob mir die Haare ausgefallen sind oder – oder wie du auf mich wirkst oder – oder ist es einfach nur so, um über die guten alten Zeiten zu reden?!«

»Hör zu, ich hatte nicht gedacht, daß du so darauf reagieren würdest, dann lege ich jetzt auf. Es tut mir leid. Ich . . .«

»Wie bist du an meine Nummer gekommen?«

»Über deinen Vater.«

»Was!«

»Ich habe vorhin deinen Vater angerufen und ihn nach deiner Nummer gefragt, ganz einfach.«

»Hat er sich an dich erinnert?«

»Nein. Das heißt – ich habe ihm nicht gesagt, wer ich bin.«

Ich habe meinen Sohn auf den Boden gestellt, und er ist abgedüst ins Zimmer seiner Schwestern. Meine Frau war nicht da.

»Wart mal, leg nicht auf. Marie! Kannst du ihm bitte seine Hausschuhe anziehen? – Hallo? Bist du noch dran?«

»Ja.«

»Und?«

»Was und?«

»Du willst also, daß wir uns wiedersehen?«

»Ja. Das heißt, nicht für lange. Nur auf ein Glas oder einen kleinen Spaziergang, oder . . .«

»Warum? Wozu soll das gut sein?«

»Ich hab einfach nur Lust, dich wiederzusehen. Ein bißchen mit dir zu reden.«

»Hélèna?«

»Ja.«

»Warum tust du das?«

»Warum?«

»Ja, warum rufst du mich an? Warum so spät? Warum jetzt? Hast du dir denn gar nicht überlegt, ob du dadurch mein Leben durcheinanderbringen könntest? Du wählst meine Nummer und ...«

»Hör zu, Pierre. Ich werde sterben.«

»...«

»Ich ruf dich an, weil ich sterben werde. Ich weiß noch nicht genau, wann, aber es ist nicht mehr lange hin.«

Ich löste den Hörer ein wenig vom Ohr, als wollte ich Atem schöpfen, und versuchte aufzustehen, erfolglos.

»Das ist nicht wahr.«

»Doch, es ist wahr.«

»Was fehlt dir?«

»Ach, das ist kompliziert. Um es kurz zu fassen, könnte man sagen, daß mein Blut, na ja, ich weiß nicht genau, was mit ihm los ist, weil die Diagnosen nicht ganz eindeutig sind, na ja, es ist irgendwas Komisches.«

»Bist du sicher?« habe ich gefragt.

»Hör mal! Was glaubst du denn? Daß ich dir irgendwelche dramatischen Lügengeschichten auftische, damit ich einen Grund habe, dich anzurufen?!!«

»Entschuldige bitte.«

»Schon okay.«

»Vielleicht irren sie sich ja.«

»Ja – vielleicht.«

»Nein?«

»Nein. Ich glaube nicht.«

»Wie kann das sein?«

»Ich weiß es nicht.«

»Hast du Schmerzen?«

»Es geht so.«

Hast du Schmerzen?

»Ein bißchen schon, wenn ich ehrlich bin.«

»Du willst mich also *ein letztes Mal* sehen?«

»Ja. So kann man es sagen.«

»...«

»...«

»Hast du keine Angst, enttäuscht zu werden? Willst du mich nicht lieber – in guter Erinnerung behalten?«

»So wie du warst, als du noch jung und schön warst?«

Ich hörte sie lächeln.

»Genau. Als ich noch jung und schön war und noch keine grauen Haare hatte.«

»Hast du jetzt graue Haare?!«

»Fünf Stück, glaube ich.«

»Ah! Das geht ja noch, hast du mir einen Schrecken eingejagt! Du hast recht. Ich weiß nicht, ob es eine gute Idee ist, aber ich denke seit einiger Zeit darüber nach – und ich habe mir gesagt, daß es wirklich etwas ist, was mir Freude machen würde. Na ja, und da es in letzter Zeit nicht mehr viel gibt, was mir Freude macht – habe ich dich angerufen.«

»Seit wann denkst du darüber nach?«

»Seit zwölf Jahren! Nein. Ich mache nur Spaß. Seit einigen Monaten. Seit meinem letzten Krankenhausaufenthalt, um genau zu sein.«

»Du willst mich also wiedersehen?«

»Ja.«

»Wann?«

»Wann du willst. Wann du kannst.«

»Wo wohnst du?«

»Immer noch im gleichen Ort. Hundert Kilometer von dir entfernt, glaube ich.«

»Hélèna?«

»Ja?«

»Nein, nichts.«

»Du hast recht. Nichts. So ist es. C'est la vie, und ich rufe dich nicht an, um die Vergangenheit aufzuribbeln oder das Unmögliche möglich zu machen, weißt du. Ich ...

Ich ruf dich an, weil ich dein Gesicht wiedersehen will. Das ist alles. Wie diese Leute, die in das

Dorf ihrer Kindheit zurückkehren oder in das Haus ihrer Eltern oder an irgendeinen Ort, der ihr Leben geprägt hat.«

»Eine Art Wallfahrt, wie?«

Mir fiel auf, daß sich meine Stimme verändert hatte.

»Ja, genau. Eine Art Wallfahrt. Als wäre dein Gesicht ein Ort, der mein Leben geprägt hat.«

»Wallfahrten haben immer etwas Trauriges an sich.«

»Warum sagst du das?! Du hast doch nie eine gemacht!?«

»Nein. Doch. Nach Lourdes.«

»Ach ja, na ja – also, nach Lourdes, wohin sonst?«

Sie zwang sich zu einem scherzhaften Ton.

Ich hörte, wie sich die Kleinen zankten, und ich hatte überhaupt keine Lust mehr zu reden. Mir war eher nach auflegen. Schließlich habe ich gesagt:

»Wann?«

»Sag du.«

»Morgen?«

»Wenn du willst.«

»Wo?«

»Auf halber Strecke zwischen dir und mir. In Sully zum Beispiel.«

»Kannst du Auto fahren?«

»Ja. Kann ich.«

»Was gibt es denn in Sully?«

»Na ja, nicht viel, vermute ich. Wir werden schon sehen. Wir können ja einfach vor dem Rathaus aufeinander warten.«

»Um die Mittagszeit?«

»O nein. Es ist nicht sehr witzig, mit mir zu essen, weißt du.«

Sie zwang sich wieder zu lachen.

»Nach dem Mittagessen ist besser.«

*

In dieser Nacht konnte er nicht einschlafen. Er starrte mit weit geöffneten Augen an die Decke. Er wollte, daß sie trocken blieben. Nicht weinen.

Nicht etwa wegen seiner Frau. Er hatte Angst, sich zu täuschen, er hatte Angst, er würde eher über den Tod seines eigenen Innenlebens weinen als über ihren. Er wußte, wenn er einmal anfing, würde er nicht mehr aufhören können.

Nicht die Schleusentore öffnen. Auf keinen Fall. Weil er jetzt schon seit so vielen Jahren umherstolzierte und darüber schimpfte, wie schwach die Leute waren. Die anderen. Die nicht wußten, was sie wollten, und die ihre ganze Mittelmäßigkeit hinter sich herzogen.

So viele Jahre schon, daß er mit dieser verfluchten Zärtlichkeit auf seine eigene Jugendzeit sah. Immer wenn er an sie dachte, versuchte er sich zu relativieren, so zu tun, als würde er darüber lächeln oder etwas begreifen. Dabei hatte er niemals auch nur das geringste begriffen.

Er weiß genau, daß er nur sie geliebt hat und daß er niemals von einem anderen Menschen als ihr geliebt wurde. Daß sie seine einzige Liebe gewesen ist und daß daran nichts zu ändern war. Daß sie ihn fallengelassen hatte wie einen lästigen Gegenstand, wie etwas Unnötiges. Daß sie ihm nie die Hand gereicht oder ein Briefchen geschickt hatte, um ihm zu sagen, er solle wieder aufstehen. Um ihm zu gestehen, daß sie so toll nicht war. Daß er sich irrte. Daß er mehr wert war als sie. Oder aber, daß sie den Fehler ihres Lebens gemacht hatte und es insgeheim bereute. Er wußte, wie stolz sie war. Ihm sagen, daß auch sie zwölf Jahre lang gelitten hatte und daß sie jetzt sterben würde.

Er wollte nicht weinen, und damit er nicht damit anfing, erzählte er sich irgendwelchen Schwachsinn. Ja, genau. Irgendwelchen Schwachsinn. Seine Frau hat sich umgedreht, hat ihre Hand auf seinen Bauch gelegt, und sofort hat er seine Wahnvorstellungen bereut. Natürlich hatte er eine andere geliebt und war von ihr geliebt worden, natürlich. Er betrachtet das Gesicht neben sich und nimmt ihre Hand, um sie zu küssen. Sie lächelt im Schlaf.

Nein, er braucht nicht zu stöhnen. Er braucht sich nichts vorzumachen. Die romantische Leidenschaft, ei ja, eine Zeitlang geht das gut. Aber jetzt ist Schluß damit, basta. Außerdem paßt es ihm morgen nachmittag gar nicht so richtig, wegen seinem Termin mit den Kerlen von Sigma II. Er wird Marcheron darauf ansetzen müssen, und das paßt ihm schon gar nicht, denn Marcheron ...

Er konnte in dieser Nacht nicht einschlafen. Er dachte über alles mögliche nach.

So könnte er seine Schlaflosigkeit erklären, nur, daß seine Lampe nicht richtig leuchtet und er nichts sieht und er sich wie in der Zeit des großen Kummers überall stößt.

*

Sie konnte in dieser Nacht nicht einschlafen, aber sie ist daran gewöhnt. Sie schläft fast nicht mehr. Das liegt daran, daß sie sich am Tag nicht mehr ausreichend verausgabt. Das ist die Theorie des Arztes. Ihre Söhne sind beim Vater, und sie weint nur noch den ganzen Tag.

Weint. Weint. Weint.

Sie zerbricht, sie wirft Ballast ab, sie gibt sich auf. Es ist ihr egal, sie überlegt, daß es jetzt reicht, daß sie zu anderen Dingen übergehen und die

Bahn freimachen muß, der Typ kann noch so oft sagen, daß sie sich nicht verausgabt, er begreift nichts mit seinem schmucken Kittel und seinen komplizierten Ausdrücken. In Wahrheit ist sie am Ende. Am Ende.

Sie weint, weil sie endlich Pierre angerufen hat. Sie hat immer dafür gesorgt, daß sie seine Telefonnummer hat, und es ist mehrmals vorgekommen, daß sie die zehn Zahlen gewählt hat, die sie von ihm trennten, um seine Stimme zu hören und schnell aufzulegen. Einmal ist sie ihm sogar einen ganzen Tag gefolgt, weil sie wissen wollte, wo er wohnt und was für ein Auto er hat, wo er arbeitet, wie er sich kleidet und ob er sorgenvoll aussieht. Sie ist auch seiner Frau gefolgt. Sie hatte sich eingestehen müssen, daß sie hübsch und fröhlich aussah und daß sie Kinder von ihm hatte.

Sie weint, weil ihr Herz heute wieder angefangen hat zu schlagen, obwohl sie dies schon lange nicht mehr für möglich gehalten hatte. Ihr Leben war schwerer gewesen, als sie es sich hätte vorstellen können. Sie hatte vor allem die Einsamkeit kennengelernt. Sie glaubte, es sei jetzt zu spät, noch etwas zu empfinden, sie habe ihren Anteil vom Kuchen schon gehabt. Vor allem, seit DIE sich eines Tages bei der Blutabnahme so aufgeregt hatten, einer Routineuntersuchung, die sie zufällig hatte machen lassen, weil sie sich nicht recht auf der Höhe fühlte. Sie alle, die kleinen Ärzte wie die großen Professoren, hatten eine Meinung zu der Geschichte, aber nicht mehr viel zu sagen, als es darum ging, sie da herauszuholen.

Sie weint aus so vielen Gründen, weil sie keine Lust mehr hat, darüber nachzudenken. Ihr ganzes Leben springt ihr plötzlich ins Gesicht. Um sich ein wenig zu schützen, redet sie sich ein, daß sie aus Freude am Weinen weint, und nichts sonst.

*

Sie war schon da, als ich kam, und sie hat mir zugelächelt. Sie hat gesagt, es ist gewiß das erste Mal, daß ich dich nicht habe warten lassen, du siehst, es gab keinen Grund zu verzweifeln, und ich habe geantwortet, ich sei nicht verzweifelt.

Wir haben uns zur Begrüßung nicht umarmt. Du hast dich nicht verändert, habe ich gesagt. Eine bescheuerte Bemerkung, aber genau das habe ich gedacht, nur daß ich sie noch hübscher fand. Sie war sehr blaß, und ihre winzigen blauen Adern um die Augen, auf den Lidern und den Schläfen waren allesamt zu sehen. Sie hatte abgenommen, und ihr Gesicht war hohlwangiger als früher. Sie wirkte resignierter, wenn ich an den lebhaften

Eindruck denke, den sie früher gemacht hat. Sie sah mich ununterbrochen an. Sie wollte, daß ich erzähle, sie wollte, daß ich schwieg. Sie lächelte mich die ganze Zeit an. Sie wollte mich wiedersehen, und ich wußte nicht, wohin mit meinen Händen, ob ich rauchen durfte oder ihren Arm berühren.

Es war eine düstere Stadt. Wir sind ein Stückchen gelaufen bis zum öffentlichen Park.

Wir haben uns unser Leben erzählt. Ziemlich unzusammenhängend. Unsere Geheimnisse haben wir für uns behalten. Sie suchte nach Worten. Einmal hat sie mich nach dem Unterschied zwischen Unsicherheit und Unfähigkeit gefragt. Ich wußte ihn nicht mehr. Sie machte eine Geste, die mir zu verstehen gab, daß es im Grunde auch völlig belanglos war. Sie sagte, das Ganze habe sie sehr verbittert, sehr verhärtet, auf alle Fälle sehr verändert im Vergleich zu der, die sie vorher gewesen war.

Ihre Krankheit haben wir fast nicht erwähnt, außer als sie von ihren Kindern sprach und sagte, daß das kein Leben für diese sei. Vor kurzem hatte sie ihnen Nudeln kochen wollen, und selbst das hätte sie nicht geschafft, weil ihr der Wassertopf zu schwer gewesen war, nein wirklich, dies war kein Leben mehr. Sie hatten schon genug mitgemacht.

Sie hat mich nach meiner Frau gefragt und nach meinen Kindern und meiner Arbeit. Und sogar nach Marcheron. Sie wollte alles wissen, aber ich merkte, daß sie mir die meiste Zeit nicht zuhörte.

Wir saßen auf einer Bank, von der die Farbe schon ziemlich abgeblättert war, mit Blick auf einen Brunnen, der wohl seit seiner Einweihung kein Wasser mehr gespuckt hatte. Alles war häßlich. Traurig und häßlich. Die Feuchtigkeit senkte sich langsam auf uns herab, und wir haben uns ein wenig in uns zusammengekauert, um uns zu wärmen.

Schließlich ist sie aufgestanden, sie mußte allmählich los.

Sie sagte, ich möchte dich um einen Gefallen bitten, einen einzigen nur. Ich würde gerne an dir riechen. Und als ich nicht antwortete, gestand sie mir, daß sie all die Jahre Lust gehabt hatte, an mir zu riechen und meinen Geruch einzuatmen. Ich behielt meine Hände tief in den Manteltaschen, sonst hätte ich …

Sie ist hinter mich getreten und hat sich über meine Haare gebeugt. So ist sie lange geblieben, und ich habe mich schrecklich unwohl gefühlt. Anschließend hat sie ihre Nase zu meiner Nakkenmulde bewegt und um meinen Kopf herum, sie hat sich Zeit gelassen, und dann den ganzen

Nacken hinunter bis zum Hemdkragen. Sie hat tief Luft geholt, und auch sie hat ihre Hände auf dem Rücken behalten. Dann hat sie meine Krawatte gelockert und die zwei obersten Knöpfe an meinem Hemd geöffnet, und ich habe ihre kalte Nasenspitze ganz leicht an meinem Schlüsselbein gespürt, ich – ich –

Ich habe eine ziemlich abrupte Bewegung gemacht. Sie hat sich hinter mir aufgerichtet und beide Hände auf meine Schultern gelegt. Sie hat gesagt, ich gehe jetzt. Ich will nicht, daß du dich bewegst oder daß du dich umdrehst. Bitte beweg dich nicht.

Ich habe mich nicht bewegt. Mir war ohnehin nicht danach, denn ich wollte nicht, daß sie mich mit verquollenen Augen und zusammengekniffenem Mund sieht.

Ich habe ziemlich lange gewartet, dann bin ich zu meinem Auto gegangen.

ISABELLA NADOLNY

Die Sache mit Rübezahl

Im Märchenbuch der Kinder steht die Rübezahl-
sage. Ich las sie erst neulich wieder und muß feststellen, daß sie ganz falsch erzählt wird. Es stimmt
nicht, daß die Prinzessin mit ihren Gespielinnen
in einsamer Gegend des Riesengebirges in einem
Springbrunnen badete und dabei plötzlich ver-
sank, wie vom Erdboden verschluckt. Die Prinzessin hätte niemals in einem Springbrunnen ge-
badet. Sie war in einer Klosterschule erzogen worden und badete nur warm, und das in einem am
Hals zugebundenen Sack, weil es dann sittlicher
war. Nein, sie war an dem fraglichen Tag sehr
schlechter Laune, weil man ihr verboten hatte,
während der Rekreation sich zum Ballspielen die
langen Haare aufzubinden. Nachdem sie eine
Weile vergebens geschmollt hatte, verließ sie rasch
und unbemerkt die Gespielinnen, die in der einsamen Gebirgsgegend auf Feldstühlen saßen und
stickten, während die strenge Erzieherin aus ›Paul
et Virginie‹ vorlas. Sie stieg hoch in die Wälder
hinauf in ihrem Unabhängigkeitsdrang und mit
langem, um die Schultern wallendem Haar. Als sie
sich weit genug verstiegen hatte, traf sie auf einen

seltsamen, zerlumpten Alten mit fuchsrotem Bart, der ihr zeigte, wie man Bergkristalle nach Größe und Art sortiert. Dies schien ihr etwas Nützliches zu sein, und sie strahlte. Die arme kleine Prinzessin war auf Nützliches geradezu versessen. Sie bombardierte den fremden Mann mit Fragen und ging willig mit, als er versprach, ihr zu Hause noch andere Sammlungen zu zeigen. Als die Felswand donnernd aufsprang, erschrak sie nicht und verlor in den unterirdischen Sälen keine Zeit mit Weinen und Wehklagen. Sie stellte nämlich sofort fest, daß es ihr hier eigentlich viel besser gefiel als zu Hause. Es fehlten die vielen Fotografien königlicher Verwandter und die Prachtalben mit Städtebildern, deren Beschläge die Möbel verkratzten.

Der Berggeist, von dem die Lumpen so rasch abgefallen waren, daß die Prinzessin nicht dazu kam, sich schamhaft abzuwenden, hatte seine etwas altväterische Lieblingstracht angehext und bat sofort zu Tisch. Es stimmt schon, daß keine Dienerschaft vorhanden war. Der Berggeist, ein Selfmademan, behalf sich mit Wichteln. Er fühlte sich zunächst von der natürlichen Vornehmheit seines Gastes etwas bedrückt und ließ des öfteren Sturmwind durch die Halle brausen und die Quarzadern in den Wänden aufleuchten, um Eindruck zu schinden und um von den Mängeln seiner Junggesellenwirtschaft abzulenken. Die Prinzessin, der bei dem ständigen Zugwind die Serviette davonzufliegen drohte, stopfte sie sich in den Ausschnitt, was die strenge Erzieherin immer verboten hatte. Sie übersah gern und amüsiert, daß der Berggeist schlürfte und den kleinen Finger wegstreckte. Als er ihr einen seiner berühmten lodernden Blicke zuwarf, vor denen, wie es im Buch heißt, »Mensch und Tier in die Knie gingen«, erwiderte sie ihn mit der Nonchalance einer Dame, der lodernde Blicke nichts Neues sind. Ja, sie ging noch weiter. Sie stellte recht vernünftige Fragen über seinen Beruf als Berggeist und machte ihm ein Kompliment über seinen roten Bart. Ihr Verlobter, der Herzog von Ratibor, trüge nur eine kleine Fliege. Sie verschwieg dabei, daß der Herzog von Ratibor ein parfümierter Geck war, der lispelte und mit dem man kein gescheites Wort reden konnte. Nach beendeter Mahlzeit bot der Berggeist der Prinzessin sehr liebenswürdig sein Gästezimmer an.

Erst am kommenden Tag ereignete sich der Vorfall mit den Rüben, nach dem der Berggeist Rübezahl genannt wurde. Der Hausherr ließ der Prinzessin ein Körbchen dieses Gemüses überreichen in der Meinung, sie fühle sich vielleicht in seinem unterirdischen Reich einsam und sehne sich in ihre gewohnte Umgebung zurück. Pflichtschuldigst berührte sie die einzelnen Rüben mit dem beigefügten Stäbchen und rief die Namen ihres Gefolges. Einer nach dem anderen erschien, und sie sah schaudernd, wie sich die sachlich-geschäftige Welt der Wichtel, Erzadern und Edelsteine binnen kurzem mit Stickrahmen, Schoßhündchen und Tanzstundenverbeugungen füllte. Die Kapitel von ›Paul et Virginie‹ widerhallten schaurig in den großen Sälen. Schon wollte sie den Berggeist bitten, sie von ihrem Gefolge wieder zu befreien, als dieses plangemäß einschrumpfte und als welke Rüben von den Wichteln zur Abfalltonne hinausgetragen wurden.

Es stimmt natürlich auch nicht, daß sie Tauben und Krähen abgerichtet und an ihren Verlobten geschickt hat, um ihn herbeizurufen. Die Sache war genau umgekehrt. Der Verlobte hatte von den über ihre Nachlässigkeit verzweifelten Gespielinnen die Geschichte von dem Bad im Springbrunnen und dem Eingreifen des Berggeistes gehört und ließ nun durch Tauben nach ihr suchen. Sollte eine der Tauben sie erreicht haben, so ist anzunehmen, daß die Prinzessin sie gefangen, geschlachtet und mit leckerem Springwurzelmus gefüllt dem Berggeist aufgetischt hat, um ihn von ihren Hausfrauentugenden zu überzeugen.

Es ist wohl möglich, daß der Herzog von Ratibor schließlich tatsächlich auf einem schwarzen Hengst, einen weißen Zelter am Zügel, auf der Bergwiese erschien, um seine Braut mit Gewalt zu den Menschen zurückzuführen – aber sie kam einfach nicht. Die Lesart der Geschichte, die der sitzengelassene Herzog ausstreuen ließ, ehe er ins Ausland ging, fand Eingang in sämtliche Jugendschriften. Als er jedoch die Grenze überschritt, trug die Prinzessin längst einen kostbaren Brillantring Rübezahls am Goldfinger der rechten Hand und verstand sich mit ihm ausgezeichnet. Sie war vollständig glücklich. Sie konnte nun ihrer Leidenschaft für Nützliches frönen. Ihr oblag es, die Temperatur der Quellen für Bad Warmbrunn und dergleichen Orte nachzumessen, und am Abend saß sie oft, mit einer Hornbrille auf, die ihr bei ihrer großen Jugend ein gesetztes Aussehen verlieh, über den Abrechnungen für Rübezahls Erzlieferungen.

Unter Dampf gesetzt

Auf dem Schiff gab es keine Sauna. Duschen gab es
da, kalte und warme, schlichte Wannenbäder; nie
waren sie besetzt, der gestrichene Boden der Wan-
ne trocken, aufgesprungen, die Hähne fest zuge-
schraubt, keine Tropfen zeugten von frischer oder
gar häufiger Benutzung. Gemieden, ja mit hoch-
mütiger Verachtung gestraft, so erschienen die Duschen, erschienen die schlichten Wannenbäder, keinem Körper durften sie zu einfacher Wohltat verhelfen, keinen abgespannten Geist erquicken, der
von zehrender Verhandlung nach Hause fuhr, nach
Finnland. Traurig ist das Dasein von Badeeinrich-
tungen auf finnischen Schiffen.

Ja, auf dem Schiff schon, auf dem kleinen, sau-
beren, uralten Dampfer merkte ich, lange bevor
die finnische Küste in Sicht kam, daß schlichte
Bäder ein Schattendasein führen, für den absoluten
Finnen nur soviel Bedeutung haben wie auf Kuba
die politische Opposition – nämlich gar keine.
Nur im Notfall würde er ein gewöhnliches Bad
betreten, und das auch nur mit anhaltendem Wi-
derwillen und dauerhaftem Selbstvorwurf: Schon
auf dem Schiff erfuhr ich es. Und mit der Verach-

tung für das schlichte Wannenbad erfuhr ich etwas vom Triumph der Sauna, von ihrer Bedeutung dortzuland.

Oh, sie freuten sich alle schon darauf, meine finnischen Mitpassagiere, Hochstimmung setzte ein, je näher wir der Küste kamen, fröhliche Erwartung. Es ging nach Hause, und das schien nur zu bedeuten: in die schmerzlich entbehrte Sauna.

Mitleid überkam sie, als sie erfuhren, daß ich es mit der traurigen Dusche versucht hatte; ihre Anteilnahme ging so weit, daß sie mich einluden, drei, vier Einladungen zu gleicher Zeit, jedoch nicht, um gemeinsam zu essen, spazierenzugehen oder Pilze zu sammeln, sondern alle luden mich ein, in ihre Sauna zu kommen, mit ihnen zusammen zu saunieren. Ein junger Ingenieur lud mich dazu ein, ein lederhäutiger Greis, selbst eine sehr reife Dame zeigte sich von Mitleid erfüllt und lud mich ein zur gemeinsamen Sauna. Nie, versicherten sie, nie würde ich ein gewöhnliches Bad mehr betreten, wenn ich erst die vielfältige Wohltat der Sauna erfahren hätte. Ihre Versicherungen waren so bestimmt, die Schilderungen des Saunalebens so schwelgerisch, daß ich mir ihre Sauna ungeduldig vorzustellen begann: Ich dachte an die römischen Thermen, sah mich bereits auf lockerem Ruhebett, gesalbt von den strohblonden Töchtern Suomis, von ihrer sportlichen Anmut umgeben. Ich sah mich schon Tage, Wochen, ja vielleicht mein ganzes Leben in der Sauna zubringen; denn fühlte ein Römer sich nicht in den Thermen zu Haus? Entstand die Politik, die Rom zur Weltmacht führte, nicht im Lavendelduft moussierender Bäder? Und wurden die angenehmsten Geschäfte nicht geschlossen, während eine kleine, wohlerfahrene Hand die Stirn frottierte, den Rücken verständig behandelte? Ich nahm die Einladungen an.

Ein höflicher Richter war mein Gastgeber, ein breitwangiger, untersetzter Mann um die Fünfzig, glatthäutig, sehr glatthäutig; liebevoll nahm er sich meiner an, lud mich ein in sein Landhaus, er versprach, mich in das Zeremoniell der Sauna einzuführen, mir die Augen zu öffnen für ihre vielfältige Wohltat.

Als wir dann draußen waren, draußen an einem verfilzten Wald, vor einem flachen, schilfgesäumten See, wo das Landhaus lag, suchte ich sofort nach dem Ort der vollkommenen Erquickung. Ich konnte ihn nicht entdecken. Ich fragte meinen Gastgeber, und er deutete auf ein kleines, braungetünchtes Holzhaus und sagte: »Das ist die Sauna.« – »Das«, fragte ich, »das«, sagte er höflich und mit versonnenem Blick. Das Holzhaus stand unmittelbar am See, von fettglänzenden Erlen umgeben; harmlos sah es aus, wie ein schmucker Schuppen, eine gepflegte Bude, und es war so klein, daß ich unwillkürlich überlegte, wie die strohblonden

Töchter Suomis, die mich salben, verständig massieren sollten, darin Platz finden könnten. Mein Gastgeber hatte zur Saunazeremonie noch einige Freunde mitgebracht, ein Kapitän war darunter, ein Direktor, auch zwei stumme, wohlerzogene Söhne hatte er mitgebracht – auf seine Großmutter mußte er schweren Herzens verzichten, da sie verreist war, sonst wäre auch sie dabeigewesen. Höflich lächelten wir uns zu, rauchten Zigaretten und blickten auf die Stätte vollkommener Erquikkung: Rauch stieg aus der braungetünchten Bude auf, giftgelber Qualm, der kräuselnd durch die Erlen strich; das einzige Fenster war blind. Es war kalt. Ein kalter Wind kam auf. Ich begann zu frieren. Mein Gastgeber kam zu mir und sagte: »Wir haben eine Redensart in Finnland, wir sagen: ›Wenn die Sauna nicht mehr hilft, das Schröpfen und der Schnaps, dann kann man sterben, ohne sich Vorwürfe machen zu müssen, eine Therapie versäumt zu haben.‹ Wenn die Sauna nicht mehr hilft, hilft nichts mehr.« – »Ich werde es mir gut merken«, sagte ich und blickte gespannt auf die schmucke Bude, die soviel Wohltat bereithalten sollte – und nicht nur Wohltat, sondern nebenbei wohl auch das belebendste Elixier der Welt. Wir schnippten nacheinander die Kippen fort, höfliche Blicke trafen mich, Blicke der Aufforderung. Ich sah auf meine Uhr: Es war neun Uhr abends. Um mich herum wurden die Hemden abgestreift, rutschten Hosen zu Boden, die Hose des Kapitäns, die Hose des Direktors und die Hose meines Gastgebers; lächelnd standen die Herren da, in eindrucksvoller Kreatürlichkeit. »Es ist soweit«, sagte mein Gastgeber leise, »der Augenblick ist da.«

Höflich sahen die Herren zu, wie ich mich auszog, sie nickten beifällig, wenn ein Stück nach dem andern fiel, und ihre Gesichter zeigten Genugtuung, als ich nackt und zitternd zwischen ihnen stand. Sie drückten mir die Hand. Sie komplimentierten mich unter Formen weltläufiger Höflichkeit zur Sauna.

Ich hatte den Vortritt. Eine höfliche Hand öffnete die Tür, drückte mich mit sanftem Zwang hinein, und ich dachte – konnte ich überhaupt noch denken, nein reagieren, panisch reagieren? –, das war das einzige, wozu ich noch fähig war: fliehen, raus hier, nur fliehen, das wollte ich. Als ob sie mir einen glühenden Pfahl in die Luftröhre gestoßen hätten, so fühlte ich mich nach dem Eintritt in ihr Heiligtum: Eine heiße, trockene, würgende Luft fiel mich an – zugegeben, sie war auch würzig –, und vor dem Auge wurde es schwarz.

Was hatten sie mit mir vor? Ich sah, soweit es noch möglich war, flehend in ihre Gesichter, hilfesuchend, ich hielt nach einer Lücke zwischen ihnen Ausschau, aber zwischen ihnen war keine Lücke, und alle Gesichter lächelten mir höflich zu. Ihre Höflichkeit zwang mich zu bleiben. Der letzte schloß die Tür. Ein irdener Rundofen in einer Ecke, in der anderen ein Bottich mit Wasser, an der Wand, stufenförmig, drei Holzbänke; war dieser kleine hölzerne Käfig schon der Ort vollkommener Erquickung? Freundlich schubsten sie mich zur Bank, nötigten mich, Platz zu nehmen, und ich setzte mich mit dem glühenden Pfahl in der Brust.

»Sie werden die ganze Zeremonie kennenlernen«, sagte mein Gastgeber, »ich hoffe, es macht Ihnen Freude.« – »Sicher«, stöhnte ich, »es macht mir ungeheure Freude.« Die Herren setzten sich auf die stufenförmige Bank, legten die Hände auf die Knie, beobachteten mich und lächelten mir liebenswürdig zu. Ich versuchte zurückzulächeln mit dem glühenden Pfahl in der Luftröhre. Meine Haut begann sich zu verfärben, Kochwurstfarbe anzunehmen, sie dehnte sich, schwoll und schwoll, gleich, dachte ich, gleich macht es pfffft, irgendwo platzt es, und dann entweicht alles zischend aus dir wie aus einem geöffneten Ventil. Soweit kam es nicht. Zu gegebener Zeit erhob sich mein Gastgeber, schöpfte mit einer Pütz Wasser aus dem Bottich und schleuderte das eiskalte Wasser gegen den irdenen Ofen. Ein Knall, ein Zischen, und in der fauchenden Dampfwolke, die sich löste, glaubte ich Luzifer auffahren zu sehen. Dampf hüllte uns ein, unsichtbar waren die höflichen Gesichter der Herren – stockte der Atem?

Verweigerten Herz und Lunge die Arbeit? Etwas bereitete sich in mir vor, etwas staute und sammelte sich, ich spürte es genau, und dann, nachdem der Gastgeber eine zweite Pütz Wasser gegen den Ofen gegossen hatte, brach es von innen aus: Der Hals öffnete sich, die Stirn öffnete sich, alles tat sich auf und gab frei, woraus der Mensch zu über zwei Dritteln besteht – Wasser. Wieviel Durstige können damit getränkt werden; literweise brach es aus, rann kribbelnd in Bächen ab – welch ein Wasser-Reservoir ist der Mensch! Unhörbar quellend trat es hervor, und besorgt blickte ich an mir herab, erwartete zu schrumpfen oder zusammenzufallen. An den Füßen, ja, auf dem gebogenen Zementfußboden, sammelte sich das Wasser, floß sacht in eine Rinne, gewann an Kraft und strömte zu einem Abflußrohr in der Wand. Erschrocken und gelähmt, vor allem aber gelähmt, starrte ich auf das Abflußloch – war das schon Todesangst?

Ich blickte so fasziniert darauf, daß ich nicht merkte, wie mein Gastgeber aufstand – plötzlich aber riß es mich aus melancholischem Sinnen, riß mich auf die Beine, die Hände schlossen sich zu Fäusten, die Fäuste nahmen Abwehrstellung ein: Ah, während ich gebannt dagesessen hatte, schlug mir mein höflicher Gastgeber eine Pütz Wasser um die Ohren, eiskaltes Wasser, forsch gegossen, wie ein Dolch traf es mich, der Schock riß mich hoch. Ich wollte zur Tür stürzen. Doch die Herren auf der Bank lächelten höflich und nickten mir anerkennend zu: Und mein Gastgeber reichte mir die Pütz und bat mich, ihm nun die gleiche Wohltat zu erweisen, »als willkommene Abkühlung«, wie er meinte, und so keuchte ich zum Bottich, füllte die Pütz und – wo waren meine Kräfte geblieben? War die Pütz aus Blei? Zitternd stemmte ich sie über den geröteten Rücken meines Gastgebers, kippte sie langsam um, ein dünner, eiskalter Strahl ergoß sich auf den Richter, und er schaute sich um, erstaunt, ein wenig unwillig, ich goß nicht forsch genug, der Herr vermißte die »willkommene Abkühlung«. »Ist es nicht wunderbar«, fragte er, »es geht einem durch und durch.« – »Zweifellos«, hauchte ich, »zweifellos.« – »Das ist die original Finnische Sauna«, sagte er. »Ich spüre es«, sagte ich mit dem glühenden Pfahl in der Brust. »Die beste Medizin«, sagte er.

Und ich dachte: Überstehen ist alles, und ließ mich auf meine Bank fallen. Als ich vorübergehend bei Atem war, sagte ich – in der Hoffnung, daß nach der willkommenen Abkühlung die Folter beendet sei –: »Darf ich die Handtücher holen? Wenn die Herren wünschen, hole ich sie gern, sehr gern«, und ich erhob mich und wollte zur Tür. »Es beginnt doch erst«, sagte mein Gastgeber. Wieder zischte Wasser gegen den Ofen, fuhr Luzifer aus der fauchenden Dampfwolke, die uns verhüllte, und die Quellen öffneten sich. Gleichmütig, wie die Physik es vorschreibt, sammelte sich das Wasser in der Rinne, gab dem sanften Gefälle nach und wanderte zum Abflußrohr, das in den See führte. Ich blickte mir nach, wie ich davonrieselte, murmelte meinem verflüssigten Teil einen schwachen Gruß zu, bis es mich, unvermutet, wieder hochriß. In meditierender Wehmut klatschte eine neue Pütz Wasser gegen meinen Rücken, ich hob die Fäuste, doch Fäuste öffnen sich vor höflich lächelnden Gesichtern. Erschöpft verhalf ich dem Gastgeber zu der gleichen Abkühlung und fragte schnell: »Werden vielleicht die Handtücher gewünscht?«

Niemand wünschte sie – außer mir. Alle Herren, der Kapitän, der Direktor, mein Gastgeber und die stummen, wohlerzogenen Söhne – alle lächelten, seufzten unter belebender Wohltat, sie drehten ihre Schenkel, kniffen an den Zehen herum, kratzten sich unaufdringlich, für sie war es vollkommene Erquickung. Und während der Kapitän und der Direktor zu politisieren begannen – ich hörte mehrmals schnell hintereinander: Mao Tse-tung, Mao Tse-tung –, beugte sich mein Gastgeber zu mir und bat mich sehr höflich um Entschuldigung. »Wofür«, fragte ich, »wofür bitten Sie mich um Entschuldigung?« – »Weil wir hier keine Frauen zur Hand haben.« – »Wozu brauchen wir hier Frauen?« fragte ich matt. »Zum Abseifen«, sagte er. »In den größeren Saunen bei uns werden wir von Frauen abgeseift. Leider ist meine Großmutter verreist, sie hätte es übernommen.« – »Schade«, sagte ich, »hoffentlich hat sie eine gute Reise.«

Mein Gastgeber erhob sich, machte eine, wenn auch nur angedeutete Verbeugung der Höflichkeit, und als ich ratlos zu ihm aufsah, sagte er: »Ich bedaure zutiefst, daß keine Frau hier ist; erlauben Sie deshalb, wenn ich Sie nun abseife. Ich werde bemüht sein, mein möglichstes herzugeben. Darf ich bitten?« – »Bitte«, sagte ich. Er führte mich zum Fenster, schlug mir eine Pütz Wasser um die Ohren, worauf ich mir nur mit Mühe meine Besinnung erhalten konnte, und dann begann er sein möglichstes beim Abseifen herzugeben. Meine Stirn ruhte auf dem Fensterkreuz, und ich erschauerte plötzlich, als die Seife mich berührte: Nein, es war keine gewöhnliche Seife, zumindest keine, womit Filmsternchen ihren milchigen Teint erzeugen, ein riesiger Block von Kernseife war es, kiloschwer, in der Größe einer 15-cm-Langrohrgranate, und er stemmte die Seife hoch und gab sein möglichstes her auf meinem Rücken.

Ich schloß die Augen, die Stirn schlug rhythmisch gegen das Fensterkreuz, der Körper schüttelte sich – hatte indes nicht mehr die Kraft, sich aufzubäumen, zu protestieren, und als ich nichts mehr zu spüren glaubte, nur noch Knetmasse in seinen Händen war, da setzte er den Seifenblock auf den Boden und nahm eine Bürste. Ich vermute, er wollte meine Haut als Souvenir behalten, denn die Bürste, die er nahm, war auch keine gewöhnliche Bürste: Ein Piassava-Besen schien es zu sein oder eine solide Drahthaarbürste, mit der man den Rost von Leitungsrohren bürstet.

»Die Handtücher«, keuchte ich.

»Bitte«, sagte mein Gastgeber höflich, »bitte, wir sind erst mitten in der Zeremonie, und zunächst fände ich es ausnehmend liebenswürdig, wenn Sie nun auch mich abseiften, vorausgesetzt natürlich, daß Ihre Güte soweit reicht.« Reichte sie soweit? Ich sammelte Kraft, konzentrierte mich wie ein Hammerwerfer, dann stemmte ich den Block Kernseife hoch, ließ ihn den Rücken meines Gastgebers hinuntergleiten – schlapp, zu schlapp für ihn, der sich umwandte und mich erstaunt und sorgenvoll musterte. Als sein Rücken leidlich mit Seife bedeckt war, nahm ich die Drahtbürste, wedelte erschöpft, vor allem unsystematisch herum, nein, ich brachte die Seife nicht zum Schäumen. Verausgabt, besonders aber verzweifelt, stülpte ich zum Schluß eine Pütz Wasser über den Richter und hauchte: »Jetzt doch aber die Handtücher!« – »Jetzt gehen wir in den See«, sagte er, »wir dürfen das Zeremoniell nicht unterbrechen.«

Die anderen Herren, die sich ebenfalls abgeseift hatten, gingen an uns vorbei zur Tür, sie gingen durch die Erlen, betraten einen Steg und sprangen durchaus elegant ins Wasser. Schwimmend durchquerten sie den Schilfgürtel und schwammen hinaus auf den dunklen See. Wir standen noch auf dem Steg, ich sah zu den Wäldern hinüber – waren es die Wälder, in denen Nurmi trainiert hatte für seine unsterblichen Läufe? Fliehen, jetzt fliehen, mit Nurmis Ausdauer, seiner enormen Schrittweite. »Bitte, nach Ihnen«, sagte mein Gastgeber und zeigte aufs Wasser.

»Oh«, sagte ich, »diesmal wollen wir doch vergessen, daß ich Ihr Gast bin. Ich lasse Ihnen gern den Vortritt!«

»Sie sind mein Gast«, sagte er, »nur zu.«

»Kann man hier springen?« fragte ich.

»Sicher«, sagte er, »es ist tief genug. Im Augenblick treiben ja keine Eisschollen.«

»Nein«, sagte ich, »schade, es ist kein Eis zu sehen.«

»Vor drei Wochen hatten wir noch Eis.«

»Dann hätte ich früher kommen sollen«, sagte ich.

Mein Gastgeber sprang zuerst, verschwand unter Wasser und tauchte prustend im Schilf auf und rief mit einer Stimme, die nichts als Behagen verriet: »Bitte, ich warte auf Sie.« Ich schloß die Augen. Ich sprang. Und in der Zeit, in der ein Schwimmender sich umdreht, stand ich wieder auf dem Steg.

»Kommen Sie nicht mit?« rief mein Gastgeber.

»Ich bin schon wieder zurück«, rief ich, »es war wunderbar, eine willkommene Abkühlung!« Ich stand auf dem Steg, beobachtete die schwimmenden Herren, die noch schwimmend politisierten, immer wieder hörte ich Mao Tse-tung, Mao Tse-tung.

Als sie zurückkehrten, fanden sie das Wasser zu warm, und auch ich fand das Wasser zu warm, und wir gingen durch die Erlen zurück zur Sauna. »Wie wär's, meine Herren«, fragte ich, »darf ich jetzt die Handtücher holen?« Sie schüttelten höflich die Köpfe, mein Gastgeber drückte mich mit sanftem Zwang wieder in den Dampfkäfig hinein, eine Pütz voll Wasser zischte gegen den irdenen Ofen, und abermals verabschiedete ich, was aus dem Körper hervorbrach. War es immer noch nicht genug? Wollten sie es auf die Spitze treiben?

Einer der stummen, wohlerzogenen Söhne kam mit einem Arm voller Saunabesen herein, sorgfältig geschnittenen Birkenreisern, die noch Laub trugen. Die Besen waren handlich, nicht länger als der Ellenbogen eines Mannes, und der Sohn verteilte die Besen und kletterte auf die oberste Bank, wo es nicht unbedingt heißer ist als in Luzifers glühender Residenz. Ich roch an dem Besen, er duftete nach frischem Laub. Lächelnd beugte sich mir mein Gastgeber zu und sagte sehr höflich: »Erlauben Sie, daß ich Ihren Rücken bearbeite und vorzugsweise die Stellen, die aus natürlichem Grunde schwer zu erreichen sind. Vorn, denke ich, können Sie es selbst besorgen. Es ist einfach. Man peitscht sich aus.«

Und mit dem letzten Wort zog er mir den ersten Schlag über den Rücken, so daß ich auffuhr und er mich beschwichtigend ansah. Kurz fielen seine Schläge, knapp aus dem Handgelenk; ich geißelte mich vorn, wedelte schlaff über meine Knie, wedelte vor meinem Gesicht, um mir Luft zuzuschanzen.

Dann bot er mir seinen Rücken an, ich schlug ihn beidhändig, klatschend fiel der Besen auf ihn nieder – es war nicht scharf genug, entsprach nicht dem Zeremoniell, und von neuem traf mich der erstaunte und unwillige Blick über die Schulter. Er entschuldigte sich bei mir, winkte seinen Söhnen und schärfte ihnen ein, ihre ganze Jugend in die Schläge zu legen; sie taten es, und mein Gastgeber krümmte sich in wohligen Schauern.

Erschöpft vor mich hin wedelnd, sonderbar angezogen von dem Abflußrohr, ergoß sich wiederum eine eiskalte Pütz Wasser über mich: Diesmal sprang ich nicht auf, keine Faust ballte sich, mein Wille war gebrochen. Ja, ich lächelte in wortloser Qual. Und als mein Gastgeber sagte: »Nun können wir die Handtücher brauchen«, nickte ich nur langsam, erhob mich zögernd und schwankte zur Tür und hinaus.

Wir frottierten uns gegenseitig zwischen den Erlen. Ich sah auf meine Uhr: Es war eine halbe Stunde vor Mitternacht. Wir rauchten, der Gastgeber verschwand noch einmal in der Sauna, und als er zurückkehrte, brachte er eine riesige Pfanne mit, in der, rötlich gedunsen, zwei armdicke Würste lagen, ein Abbild all dessen, was ich durchstanden hatte. Der Gastgeber zerschnitt die Würste, verteilte die Stücke und holte einen ganzen Kasten Bier, und wir tranken das Bier und aßen die Würste und unterhielten uns interessant über die Sauna.

Wir standen lange zusammen, die Nacht war auf einmal warm, der Kapitän machte den Vorschlag zu fischen, und als wir das Boot losbanden, merkte ich, daß ich nur meine Turnhose trug und nicht mehr fror. Und ich spürte plötzlich noch mehr: eine vielfältige Wohltat, Leichtigkeit und vollkommene Erquickung und ein unbegreifliches Gefühl von Neugeborensein, wie sie nur eine Institution der Welt gewährt: die Finnische Sauna.

Die Aktion

Morgens, kurz nach sieben, klingelte es Sturm, und kaum hatte ich die Tür geöffnet, hielt mir ein unsympathischer Mann einen Zettel unter die Nase. Auf dem Zettel war ein Stempel und ein paar gedruckte hebräische Worte, die ich nicht lesen konnte. Ich ahnte jedoch, worum es sich handelte. Das düstere Gesicht und aggressive Auftreten des Mannes drückten die Macht des Beamten aus.

»Ich kann das nicht lesen«, sagte ich.

»Chatulim«, sagte er – Katzen.

»Ich habe keine Katzen«, schrie ich, griff in meiner Not auf Gott zurück und beschwor ihn, keine Katze, geschweige denn das ganze Rudel auf einmal angaloppieren zu lassen.

Prompt sah sich der Mann in der idyllischen, für den Verkehr gesperrten Gasse um, durchdrang mit Raubvogelblick Büsche und Hecken, starrte zu Bäumen empor, spähte über meine Schulter hinweg ins Innere des Hauses.

»Ich habe keine Katzen«, sagte ich.

Der Mann grinste, was seinem Gesicht noch schlechter stand als der düstere Ausdruck, drohte mir neckisch mit dem Finger und hinkte davon.

Er hatte ein steifes, aber energisch ausschlagendes Bein, mit dem das gesunde kaum Schritt halten konnte. Als er um die Ecke verschwunden war, setzte ich mich vor dem Haus auf die Treppe, um über den bösen Vorfall und seine womöglichen Folgen nachzudenken.

Es vergingen keine fünf Minuten, da erschienen sie, lugten vorsichtig um die Ecken, vom Dach, aus den Büschen, hinter den Mauern hervor; näherten sich mir tänzelnd, schleichend, in zierlichem Trab oder federnden Sprüngen: die drei graziösen, getigerten Geschwister mit den steil aufgestellten, überlangen Schwänzen; die schwangere Natascha mit dem Kirgisengesicht und dem grau-weiß gestreiften, immer sauber gewaschenen Fell; ihre drei hochgewachsenen, schwarzen Söhne, die ich, da sie nicht auseinanderzuhalten waren, kurz »die Russen« genannt hatte; »die Mutter«, ein ungewöhnlich garstiges Geschöpf, das ihren letzten fünfköpfigen Wurf in meinem Gartenschuppen einquartiert hatte; der kleine Tölpel mit dem einfältigen Gesicht, dem stacheligen gelbgefleckten Pelz und den zu kurz geratenen, stämmigen Beinen; Mia, deren beängstigend dicker, den Boden streifender Bauch mindestens acht Junge beherbergte; die neurotische Bella mit dem Silberblick und dem langen, in den Farben eines Herbstwaldes leuchtenden Fell; der falbe, schlanke Homosexuelle, der ein Verhältnis mit einem der Russen hatte;

und schließlich Simmi, der Herr meines Hauses, ein großer, schmuddeliger Kater mit mächtigem Kopf, gefolgt von seiner ihn anschmachtenden Geliebten, einer drallen, orangefarbenen Katze.

Sie setzten sich in sicherer Entfernung im Halbkreis mir gegenüber und starrten mich mit gespanntem Erstaunen an. Die Augen, in allen gelben und grünen Schattierungen weit geöffnet, die Körper, bis auf die zuckenden Schwanzspitzen, regungslos.

»Kluge Katzen«, lobte ich, »habt gewußt, daß der Katzentöter hier war, nicht wahr? Woher habt ihr das gewußt?«

Simmi, der einzig zahme unter den Katzen, erhob sich beim Klang meiner Stimme, schüttelte seine an ihn geschmiegte Geliebte ab, schritt auf mich zu und begann seinen großen, harten Kopf an meinem Knie zu reiben.

»Ich weiß, was ihr wollt«, sagte ich, »Frühstück wollt ihr. Ob ich im Schock bin oder krank oder traurig, interessiert euch nicht. Das einzige, was euch an mir interessiert, ist das Fressen.«

Ich sah sie der Reihe nach an. Jede hatte die Augen mit hypnotischem Blick auf mich geheftet, jede sah in mir nur die rohen, nackten Hühnerköpfe, die ich ihnen morgens und nachmittags pünktlich bescherte. Allein Dickie, der Kater in dem graziösen, getigerten Dreiergespann, war eine Ausnahme. Er saß mir am nächsten, neben seinem

Freund, dem kleinen Tölpel, und als ich noch
einmal zu ihm zurückblickte, sah ich in seinem
zarten, großäugigen Gesicht ein Entzücken, das
weit über die Vorfreude auf den Hühnerkopf hin-
ausging. Er wohnte mit seinen beiden Schwestern
etwa dreihundert Meter von mir entfernt, in dem
Speicher eines Hauses, wo er hin und wieder von
einem netten, jungen Paar mit Tortenresten oder
Bratkartoffeln gefüttert wurde. Natürlich bevor-
zugte er Hühnerköpfe, aber darüber hinaus war er
in mich verliebt.

Ging ich abends aus, begleitete er mich zu meinem Auto und wartete dort in einem Versteck auf
meine Rückkehr. An einer einsamen Stelle brach
er dann aus dem Gebüsch, weidete sich mit der
närrischen Freude eines Kindes an der gelungenen
Überraschung, tanzte in Pirouetten vor mir her,
verschwand, tauchte verschmitzt wieder auf, stellte sich mir schließlich in den Weg und wartete auf
den Moment, wo auch ich stehenbleiben, mich
bücken und, sanft auf ihn einsprechend, die Hand
nach ihm ausstrecken würde. In seinen weit aufgerissenen, von der Pupille verdunkelten Augen,
sah ich die Sehnsucht nach Liebe und zärtlicher
Berührung, in seinem zur Flucht angespannten
Körper die Angst vor dem unberechenbaren Monstrum Mensch. Kaum berührten meine Fingerspit-
zen sein Fell, schnellte er zur Seite und drehte sich,
sei es weil ihn sein Mißtrauen in Verlegenheit oder

sein Mut in Verwirrung stürzten, um seine eigene Achse.

»Hallo, mein Dickie«, sagte ich jetzt und lächelte ihm zu. Keine Frage, er lächelte zurück.

Aus dem Nebenhaus, keinen Meter von dem meinen entfernt, drang plötzlich stürmische Musik. Es klang nach Smetana oder Tschaikowsky. Zippi Rosenblatt, die Feindin der Natur, die Bäume abhacken und Katzen töten ließ, weil sie die einen für überflüssig, die anderen für schädlich hielt, war aufgestanden. In spätestens einer halben Stunde würde sie – ein großer, formloser Hintern unter geblümtem Stoff, ein grimmiges Gesicht unter einem rosa Strohhut – das Haus verlassen und, wenn die Katzen bis dahin nicht abgefüttert und verschwunden waren, den Beweis meines kriminellen Treibens vor Augen haben.

Ich sprang auf und im selben Augenblick brach der Tumult los. Meine eben noch laut- und regungslosen Katzen verwandelten sich in besessene kleine Furien, die unter gellenden Schreien und mit peitschenden Schwänzen in einem wüsten Tanz durcheinanderwirbelten, sich gegenseitig ohrfeigten und anzischten oder blitzartig an mir vorbei in den Korridor meines Hauses und wieder zurück auf die Straße schossen. Der einzige, der mit ernster Miene und in patriarchalischer Pose neben mir stand, war Simmi. Er folgte mir gemessenen Schrittes in die Küche, in der Deborah,

meine schwarze, aus Europa mitgebrachte Perser-
katze, auf dem Tisch saß und Cherny, mein ebenfalls schwarzer, aber kurzhaariger Adoptivkater, in
einer roten Emailleschüssel lag. Ich nahm einen
Topf mit Fisch und einen zwei Kilo schweren Plastikbeutel aus dem Kühlschrank. Die schöne, vor-
nehme Deborah mit der Druckknopfnase und den
riesigen gelben Eulenaugen erhob sich, streckte
sich zu ihrer ganzen beachtlichen Länge und zirpte
mich an. Simmi begann wie ein eingerosteter Motor zu schnurren und sich an meinen Beinen zu
reiben. Cherny, dem es an Stolz und Einfühlungs-
vermögen mangelte, sprang auf den Küchentisch,
bekam von Deborah eine Ohrfeige, fiel rücklings
herunter und auf Simmi, der ihm entrüstet Prügel
androhte. Die Drohung genügte, um den jungen
Kater, der wie ein Minipanther aussah, aber ein
Angsthase war, in zeterndes Geschrei ausbrechen
zu lassen. Die Perserin hob indigniert die Brauen,
und ich beeilte mich, ihr einen Teller mit Fisch
hinzustellen, dann einige Hühnerköpfe aus dem
Beutel zu holen und sie, einen nach dem anderen,
durch die offene Tür in die Gasse zu werfen. Die
Katzen flogen den Köpfen förmlich nach und lan-
deten wie diese mit dumpfem Aufprall auf der
steingepflasterten Straße.

Mich grauste inzwischen vor nichts mehr. Der
monatelange Umgang mit Hühnerköpfen hatte
mich abgestumpft. Während ich die hektische

Katzenbande fütterte, griff ich ungerührt in den glitschigen, blutigen Inhalt des Beutels, warf ihn händeweise den Tieren zum Fraß hin, beobachtete, wie die einen possierlich, die anderen gierig die Delikatesse zerfetzten, lachte über einen der Russen, der sein Frühstück wohl schon in der Mülltonne eingenommen hatte und nun mit dem Hühnerkopf Ball spielte, indem er ihn am Kamm packte, in die Luft warf und mit den Vorderpfoten wieder auffing.

Ein junger Mann und ein kleines Mädchen joggten um die Ecke und geradewegs in die Bescherung hinein. Die Katzen, ihre Beute zwischen den Zähnen, flohen ein paar Schritte, hockten sich dann wieder hin und fraßen weiter. Das Kind, ein sehr hübsches, braungebranntes Geschöpf, blieb wie angewurzelt stehen: »Papa«, rief es, »schau mal die vielen Katzen! Schau mal, was sie da essen! Hühnerköpfe!«

Der Vater, fast so braun und hübsch wie seine Tochter, ignorierte das Geschehen.

»Mit Schnabel und Augen, Papa! Schmeckt ihnen denn das?«

Der junge Mann sah mit Ekel im Gesicht auf, und mit Vorwurf in den Augen zu mir herüber. Ich fragte mich, was er mir vorwarf: daß ich die Katzen mit etwas so Widerlichem wie Hühnerköpfen oder daß ich sie überhaupt fütterte. Ich lächelte freundlich. Jetzt sah mich auch die Kleine an: »Gibt ihnen die Frau die Hühnerköpfe?« erkundigte sie sich.

Ich trat schleunigst ins Haus und schloß die Tür hinter mir.

Kurz nach vier kam ein zweiter Mann von der Stadtverwaltung. Er war dick und hatte ein gutmütiges Gesicht. Als er mir denselben mit Stempel und hebräischer Schrift versehenen Zettel hinhielt, lächelte er entschuldigend.

»Ich kann das nicht lesen«, sagte ich.

»Chatulim«, sagte er – Katzen.

»Ich habe keine Katzen.«

Er deutete mit dem Kinn auf das Haus von Zippi Rosenblatt und hob dann bedauernd die Schultern. Ich lud ihn ein, eine Tasse Kaffee bei mir zu trinken, und er folgte mir ins Wohnzimmer. Ein Schwarm Katzen floh durch die offene Tür in das Gärtchen. Cherny und Deborah hatten die beiden Sessel besetzt. Der Mann war zu feinfühlig, um mir meine Lüge vorzuhalten. Wir tranken Kaffee und unterhielten uns über das romantische Viertel, in dem ich wohnte. Die Mutter und ihre fünf Jungen zogen im Gänsemarsch an der Tür vorbei. Dann erschien mein Freund, Robert, ein sehr gepflegter und charmanter Engländer. Er starrte ungläubig den dicken Mann an.

»Ich heiße Shlomoh«, sagte der und schüttelte ihm die Hand, »freut mich, Sie kennenzulernen.«

»Ganz meinerseits«, sagte Robert verdattert.

»Der Herr ist von der Stadtverwaltung«, sagte ich.

»Es tut mir wirklich leid«, sagte Shlomoh, »ich habe Tiere sehr gerne. Aber es ist mein Beruf.«

»Ist das einer von deinen gestörten Sozialfällen?« fragte mich Robert auf englisch.

»Die Katzen sollen umgebracht werden«, sagte ich.

»Ich habe gewußt, daß es so kommen würde!« schrie Robert. »Ich habe dich hundertmal gewarnt! Diese ganze Hühnerkopfsauerei mitten auf der Straße und im Nebenhaus das Miststück Rosenblatt!«

Shlomoh war erschrocken aufgestanden: »Es tut mir wirklich sehr leid«, sagte er, »ich werde mal zu Frau Rosenblatt gehen und sie bitten, die Klage zurückzuziehen.«

»Danke«, sagte ich mit Tränen in den Augen.

Robert lief stumm im Zimmer auf und ab.

»Es ist gar keine Sauerei«, jammerte ich, »sie lassen nur die Schnäbel übrig. Und womit soll ich so viele Katzen sonst füttern? Du weißt doch, daß es nichts Billigeres gibt als Hühnerköpfe, das Kilo ein Shekel, und gesund sind sie außerdem.«

»Erzähl das mal deiner Nachbarin, die wird sich freuen, daß sie so gesund sind.«

In diesem Moment fing meine Nachbarin an zu kreischen.

»Um Himmels willen, der arme Shlomoh«, sagte Robert und eilte ihm zu Hilfe.

Keine fünf Minuten später kehrten die beiden Männer mit roten Gesichtern und gesträubtem Haar zurück. Zippi Rosenblatt kreischte noch immer. Dann donnerte die Tür ins Schloß.

»Nichts zu machen«, murmelte Shlomoh, »die Frau hat kein Herz.«

»Und nun?« fragte Robert. »Wann werden die Katzen umgebracht? Wie werden sie umgebracht?«

»Die Aktion findet morgen früh um sechs Uhr statt«, seufzte Shlomoh. Er zog eine Büchse Sardinen billigster Sorte aus der Hosentasche: »Hiermit.«

»Mit Ölsardinen?«

»Und Strychnin«, sagte Shlomoh bekümmert und legte mir eine schwere, warme Hand auf die Schulter: »Retten Sie, was zu retten ist. Sperren Sie so viele Katzen wie möglich in Ihr Haus ein.«

Stunde für Stunde waren Robert und ich auf Katzenfang. Wir liefen pss, pss, pss rufend, wie die Irren, durch die Gassen, einen Hühnerkopf, dann sogar – auf diese Idee hatte uns Shlomoh gebracht – eine Büchse Ölsardinen in der Hand, und versuchten die Katzen damit ins Haus zu locken. Wir stellten Kartons mit Leckerbissen auf, lauerten in Verstecken, bis eine Katze hineinsprang, und versuchten dann, eine Decke über sie zu werfen. Wir bauten hinter geöffneten Türen und Fenstern ganze Katzenbuffets auf und warteten mit angehaltenem Atem, daß uns eine in die Falle ginge.

Die Katzen, zunächst hocherfreut über diese unverhoffte und üppige Bewirtung, die ihnen an den ungewöhnlichsten Plätzen serviert wurde, liefen uns zwar nach, sprangen in Kartons, pirschten sich durch Fenster und Türen ins Haus, doch waren sie unvergleichlich viel schneller und schlauer als wir und entkamen uns jedes Mal. Dann, mit der Zeit, begannen sie die merkwürdigen Methoden, mit denen wir sie fütterten, die fliegenden Decken und plötzlich zuknallenden Türen und Fenster zu befremden, und da sie sowieso schon alle mehr als die übliche Ration verschlungen hatten, zogen sie sich an Orte zurück, an denen sie vor uns sicher waren. Allein die Mutter, die gerade im Gartenschuppen ihre Jungen säugte, wurde durch geistesgegenwärtiges Zuwerfen der Tür gefangen. Dafür waren Simmi und Cherny, die unser Treiben für unzumutbar hielten, entflohen. Ich brach in Tränen aus, und Robert, dem nicht mehr gewachsen, beschwor mich, bei meiner Freundin, Naomi, zu übernachten und ihm alles weitere zu überlassen.

Ich fuhr mit Deborah, die ich keinem Menschen anzuvertrauen wagte, einem gefrorenen Fischfilet und einem mit Sand gefüllten Kasten zu meiner

Freundin. Als sie mir öffnete und mich dort stehen sah, mit verheultem Gesicht, den dicken, runden Katzenkorb wie eine Hochschwangere ihren Bauch mit beiden Armen umfangend, rief sie erschrocken: »Du lieber Gott, Liebchen, ist deine Katze etwa tot?«

Ich verstand nicht ganz, warum sie annahm, daß ich ihr eine tote Katze anschleppe, wollte aber nicht danach fragen und sagte dumpf: »Nein, sie ist noch lebendig, aber es ist etwas Furchtbares passiert. Kann ich heute nacht bei dir schlafen?«

»Du kannst so viele Nächte bei mir schlafen, wie du willst«, sagte Naomi, deren Gastfreundschaft und Hilfsbereitschaft keine Grenzen kannten.

Ich erzählte ihr, unter neuen Tränen, was passiert war, und sie kochte Suppe für mich und Fisch für Deborah, machte mir ein Bett und fand eine gemütliche Ecke für das Katzenklo. Robert rief an, um mir mitzuteilen, daß Simmi eingetroffen sei, und eine Stunde später, daß er Cherny eingefangen und sich dabei das Knie aufgeschlagen habe.

»Und was ist mit Dickie?« schluchzte ich. »Dickie liebt mich und ich ihn.«

»Erspar mir solche intimen Eröffnungen«, sagte Robert, der mit seiner Kraft und Geduld am Ende war.

In der Nacht träumte ich, die Schritte des Katzentöters zu hören und die erfreuten kleinen

Schreie der Katzen, die nicht in aller Herrgottsfrühe mit einer so leckeren Mahlzeit wie Sardinen gerechnet hatten.

Deborah, durch die Vorgänge am Nachmittag und die ihr fremde Umgebung aus dem Gleichgewicht gebracht, jagte mit gebogenem Schweif und lärmender, unmotivierter Heiterkeit durch die Wohnung und riß abwechselnd Naomi und mich aus dem Schlaf. Am Morgen stand ich gerädert auf. Es war acht Uhr. Die Katzen mußten schon alle tot sein. Ich trank, stumm vor mich hin starrend, ein paar Tassen Tee.

Naomi versuchte mich zu ermutigen, indem sie mir die Millionen Menschen vorhielt, die täglich durch Hunger, Krankheit und Gewalt ums Leben kamen. Robert erschien, brachte Croissants mit und sagte, ich hätte ja immer noch vier alte und fünf junge Katzen und wenn ich weiter diese verdammten Hühnerköpfe auf die Straße schmisse, in spätestens einer Woche ein Dutzend neue. Dann riefen sie eine gemeinsame, in meinem Viertel wohnende Freundin an und trugen ihr auf, festzustellen, ob die Aktion tatsächlich stattgefunden hätte und wenn ja, in welchem Ausmaß. Eine Viertelstunde später kam der Bericht: »Ein Katzen-Holocaust«, schrie die Freundin so laut, daß ich es bis ans andere Ende des Zimmers hörte, »überall liegen tote Katzen rum, und nirgends sieht man mehr eine lebendige.«

»Du bleibst heute nacht noch bei mir«, beschloß Naomi, und Robert erklärte: »Sie darf überhaupt nicht mehr nach Hause, sie muß in ein anderes Viertel ziehen.«

Als Naomi zur Arbeit gegangen war und ich Robert unter dem Vorwand, keine gefrorenen Fischfilets mehr zu haben, in den Supermarkt geschickt hatte, fuhr ich nach Hause. Ich wollte wenigstens Simmi, Cherny und die Mutter mit ihren fünf Jungen sehen. Es war zwölf Uhr und die Straßenfeger mußten längst dagewesen sein und das Bilderbuch-Viertel von Katzenleichen gesäubert haben. Ich ging durch die hübschen, stillen Gassen voller Blumen, Bäume und Vögel, das Katzenparadies, in dessen Gärten sie gespielt, auf dessen Bänken sie sich gesonnt, auf dessen Hausdächern sie gesessen und die vorübergehenden Menschen beobachtet hatten, lief an Dickies Haus vorbei und an der Mauernische, in der Natascha die drei Russen geboren hatte. Da war tatsächlich keine Katze mehr, die auf mich wartete, mich begleitete, mich mit großen, schillernden Augen erwartungsvoll ansah. Ich setzte mich auf die Treppe meines Hauses und schlug die Hände vors Gesicht.

Jemand zwickte mich zart in die Wade, und wenn die Katzen noch am Leben gewesen wären, hätte es nur Mia sein können, die sich in Stunden besonderen Übermuts so etwas erlaubte. Ich schaute durch die Finger und da stand sie, der Bauch leer und ausgeleiert, das Gesicht listig. Ich schrie auf, und sie machte einen Satz zurück und starrte mich vorwurfsvoll an. Während ich mir noch überlegte, daß ihr wahrscheinlich die achtköpfige Geburt das Leben gerettet hatte, lugte die neurotische Bella mit ihrem Silberblick um die Ecke, sah mich und huschte, fünf Schritte vor, drei zurück, auf mich zu. Kaum hatte sie sich niedergelassen, nahte mit dem schweren Gang der Schwangeren Natascha, warf einen Blick über die Schulter und benachrichtigte ihre Söhne mit einem gurrenden Ruf von meiner Rückkehr. Sie erschienen sofort, eine galoppierende Troika, gefolgt von ihrem Schatten, dem falben, schlanken Homosexuellen. Aber wo waren Dickie und seine beiden Schwestern?

Das große Glück, meine totgeglaubten Katzen wohlbehalten wiederzusehen, wich der Angst um meinen Lieblingskater. Ich stand auf, trat in die Mitte der Gasse und rief beschwörend seinen Namen. Anstelle meines grazilen Dickies kam der kleine Tölpel angetrottet, blieb einige Male stehen, schaute zurück und dann mit einem Ausdruck bekümmerter Einfalt zu mir auf.

»Was ist?« fuhr ich ihn an. »Wo ist dein Freund?«

Die Katzen, die es unerhört fanden, daß sich ihr Frühstück um Stunden verzögerte, begannen ungeduldig um mich herumzustreichen und wehleidig zu maunzen. Mia zwickte mich ein zweites

Mal in die Wade, diesmal nicht mehr so zart. Ich schaute noch einmal die Straße hinab, und da sah ich an ihrem fernen Ende drei steil aufgestellte, überlange Schwänze, die in einer geraden Linie bewegungslos in den blauen Himmel stachen. Ich lachte, kniete mich hin und breitete die Arme aus. Und da flogen sie mir entgegen, drei getigerte Katzen. In der Mitte, den anderen einen Sprung voraus, Dickie!

Er kam einen Meter vor mir zum Stehen und strahlte mich an. Ich streckte die Hand nach ihm aus und er wich ein paar Schritte vor mir zurück. In seinen weit aufgerissenen Augen sah ich die Sehnsucht nach Liebe und zärtlicher Berührung, in seinem angespannten Körper die Angst vor dem unberechenbaren Monstrum Mensch.

»Hast recht, Dickie«, sagte ich, und er begann sich verlegen und verwirrt um seine eigene Achse zu drehen.

Ich lief ins Haus, umarmte die mich empört anschreienden Kater, öffnete die Tür zum Garten, vor der Simmis dralle, orangefarbene Geliebte eine schlaflose Nacht verbracht hatte, befreite die wild fauchende Mutter aus der Gefangenschaft, zerrte einen großen Plastikbeutel aus dem Kühlschrank und ließ einen Hagel an Hühnerköpfen auf die Gasse prasseln.

In diesem Moment stürmte Robert, auf der Suche nach mir, um die Ecke. Er erstarrte. Die Tüte mit den Fischfilets entglitt seiner Hand, seine Augen schlossen sich und sein Mund öffnete sich in einem heiseren Aufschrei: »Großer Gott, was sind das für Katzen? Wo hast du die Katzen her?«

»Robert«, sagte ich beruhigend, »es sind doch meine Katzen. Schau, wie quietschlebendig sie sind, die klugen Tiere. Sie haben gewußt, daß in den Ölsardinen Strychnin war, und haben sie nicht angerührt. Kommst du mit auf den Markt? Ich brauche dringend neue Hühnerköpfe.«

Er schnappte nach Luft, machte auf dem Absatz kehrt und rannte davon.

Und ich, ich setzte mich auf die Treppe meines Hauses und sah mit einem Gefühl tiefer Befriedigung meinen Katzen beim Fressen zu.

Die Erfindung des SommerWinters

Die Erfindung des SommerWinters verdanken wir Gerhard Maria Nordwecker.

In früher Jugend wurde Nordwecker von seinem Vater, Franz Xaver Nordwecker, einem begeisterten Alpinisten und Skifahrer, mit in das sogenannte Gebirge genommen. Diese sogenannten Gebirge sind jene unschönen, störenden Bodenerhebungen, die den Süden Bayerns verunstalten. Seit etwa hundert Jahren treiben entmenschte Individuen mit topographischen Niveauunterschieden gefährlichen Mißbrauch. Es vergeht kaum ein Jahr, in dem nicht eine Zusammenballung der Alpinistenausdünstungen zu gräßlichen Unwettern, Alpenglühen, Jodelabenden, Trachtenumzügen und Erdbeben führen.

Franz Xaver Nordweckers Großvater mütterlicherseits, Ludwig Schweinsteiger aus Bayernrain, war der Erstbesteiger des Watzmann. (Kann auch sein: des Wendelstein oder Pengelstein. Oder irgend etwas in der Richtung.) Franz Xaver Nordweckers Großvater väterlicherseits, Arnulf Nordwecker, bestieg den Watzmann als erster von der Nordseite. Franz Xaver Nordweckers Vater, Otto

Nordwecker, bestieg als erster die Watzmann-(oder, wie gesagt, Wendel- oder Pengel- oder was -stein)-Nordwand im *Winter.* Für Franz Xaver Nordwecker blieb fast nichts mehr übrig. Er sann und sann und kam dann auf die Idee: als erster die Watzmann-Nordwand im Winter *mit verbundenen Augen* zu ersteigen.

In seinen Sohn setzte Franz Xaver Nordwecker die größten Hoffnungen. Er hoffte, daß dieser dereinst die Watzmann-Nordwand im Winter mit verbundenen Augen *die Füße voraus* ersteigen würde. Also nahm er den Sohn bereits im zartesten Alter mit in das sogenannte Gebirge, um den Sohn frühzeitig an den sogenannten Schnee zu gewöhnen. Der sogenannte Schnee ist eine speziell nordeuropäische Schlechtwetterabsonderung, die bei gesund empfindenden Menschen Unlust hervorruft, kalt ist und die Schuhe ruiniert. Schnee ist, kurz gesagt, *weißer Dreck.*

Der sogenannte Schnee wird von den durch die sie ständig umgebenden sogenannten Gebirge in ihrer Geistesentfaltung erheblich behinderten, nicht anders als mit dem Schimpfwort Alpenbewohner zu umreißenden Gnomen und Mißgeburten zu kommerziellen Zwecken mißbraucht. Nirgendwo in der Welt gibt es so viele Sechszeher, Dreibeiner, Kropfträger, Wasserköpfe, Stotterer, Teerschnüffler, Einhoder, Sulzknier und Bettnässer wie in Oberbayern, dem Allgäu, Tirol und der

Ostschweiz. Der Typus des sogenannten Gebirg-
lers läßt sich so charakterisieren: er riecht nach
Salpeter, hat blutunterlaufene Augen, einen Bläh-
hals, sechs Finger an jeder Hand, ist Analphabet,
katholisch und spricht eine unverständliche Pri-
vatsprache; er heißt Luis oder Sepp, meist auch
Trenker und bedient einen Sessellift.

Man kann sich leicht ausmalen, wie dieses sogenannte Gebirge, bewohnt von solchen inferna-
lischen Trenkern, auf die zarte Seele eines Kindes
wirkt. Der junge Gerhard Maria Nordwecker
klammerte sich an die Autotür, schrie: »Er will
mich fressen!« und »Ich will wieder heim!«

Offenbar war durch einen Sprung in den Erb-
anlagen im jungen Nordwecker die bis dahin in
der Familie vorherrschende Begeisterung für das
sogenannte Gebirge abgeflacht. Weder durch
Schläge noch durch Aussicht auf Belohnung war
Gerhard Maria dazu zu bewegen, das Flachland zu
verlassen. Ja, mehr noch: er entwickelte auch noch
eine Abneigung gegen den sogenannten Schnee.

Es ist ja eine alte, nie gelöste philosophische
Frage: ist die Kälte, der bekanntlich der sogenannte Schnee und auch das sogenannte Eis seine heim-
tückische Existenz verdankt, ist die Kälte fehlende
Wärme oder ist vielmehr Wärme verflogene Kälte? Auch Gerhard Maria Nordwecker befaßte sich
mit dieser Frage und kam zu dem Ergebnis, daß
die Kälte nichts anderes ist als zu niedrige Tem-

peratur. Ein nur leichtes Anheben der Temperatur, so erkannte Nordwecker (damals schon Professor für Flachlandistik an der Universität Sandizell), bewirkt mühelos, daß aus der klirrendsten Kälte zwar noch nicht Wärme, aber immerhin nur noch leicht bebende Kälte gewonnen werden kann. (Viele unterliegen dabei dem Irrtum, daß sie solches durch das Anheben des Thermometers, also etwa dessen Verbringen vom Parterre in den ersten Stock bewerkstelligen könnten. Falsch. Nicht das Thermometer, sondern die Temperatur muß angehoben werden.)

Prof. Nordwecker machte also eine Eingabe an die Landesregierung, bei klirrender oder eventuell schon bereits bei bebender Kälte die Temperatur anzuheben. Als bekannt wurde, daß die Entscheidung sich zugunsten Nordweckers Eingabe neigte, sah sich die Landesregierung einer Demonstration von zwanzigtausend, durch generationenlangen Inzest myrmidonenhaft gebliebener Skihütten-Pächtern gegenüber, die, alle in schrecklich bordierten, mit Edelweiß und ähnlichen Greueln bestickten Trachtenwesten gekleidet, das nicht anders als grauenhaft zu bezeichnende »Kufstein«-Lied sangen, begleitet von einem Akkordeonorchester. Der Klang des Akkordeons, einer ursprünglich tartarischen Erfindung, hat bekanntlich im Lauf der Geschichte mehr Todesopfer gefordert als die Guillotine.

Die Landesregierung, schreckhaft wie sie ist, lenkte natürlich sofort ein. Prof. Nordwecker blieb nun nichts mehr anderes übrig, als den SommerWinter zu erfinden. Ganz ist es noch nicht gelungen, aber die Winter von 1988 auf 1989 und von 1989 auf 1990 wiesen bereits deutliche Sommergesinnung auf. Es ist zu hoffen, daß der Winter 1990 auf 1991 weitere Fortschritte macht, und daß wir bereits im Jubeljahr 1997 (wo die Welt das dreihundertste Jubiläum der Entdeckung Kamtschatkas feiern wird) den endgültigen Sommer-Winter vorliegen haben.

Danach möchte sich Prof. Nordwecker der Erfindung des TrockenRegens und des das Salzwasser ergänzenden Pfefferwassers zuwenden.

EVELINE HASLER

Inseltage

»Warst du wieder auf deiner Insel?« fragt mich
eine meiner Freundinnen mit leichtem Spott. Und
wie ich bejahe: »Seltsam, du hast doch genug
Phantasie, um deine Ferienziele zu variieren, für
deine Recherchen reist du doch auch in alle Rich-
tungen.« – »Das ist es ja«, sage ich, »Abwechslung
habe ich das Jahr über genug. Um richtig aus-
zuspannen, fahre ich eben auf meine Insel.« –
»Und wie wäre es denn mit einer anderen? Hydra,
Kreta, Rhodos?« Ich schüttle den Kopf und sage
nach einer Nachdenkpause: »Ist es mit Reisezielen
nicht wie mit Menschen? Es macht zwar Spaß,
neue kennenzulernen, doch man erholt sich am
besten bei seinen alten Freunden.« – »Ägina, Itha-
ka, Malta, Madeira ...«, höre ich meine Freundin
wie selbstvergessen murmeln, und die Litanei der
Namen suggeriert Bläue und Ferienglück. Hat
nicht der Duc de Berry in seinem Stundenbuch
das Paradies als runde, im Weltenmeer treibende
Insel dargestellt? Wurden nicht reale und imagi-
näre Inseln schon immer mit Menschheitsträumen
besetzt? Kos, Sansibar, Sylt, Lanzarote, Formen-
tera ... Inseln sind isoliert, abgesondert vom Fest-

land, vom Alltäglichen. Auf eine Insel fahren ist meist unbequem, immer ist da eine Leerzone, die überschifft werden muß. Früher, als die Schiffe am Hafen von Piombino noch kleiner waren, auf dem offenen Meer jedem Wellengang ausgesetzt, spürte man Besorgnis unter den Wartenden: In der Wetterprognose war »Mare mosso« gemeldet worden. Noch heute ist das Wasser vielen Inselbewohnern ein unheimliches Element, das Schwimmen überläßt man den Fremden. So bleiben auf den großen, eleganten Fähren die alten Rituale erhalten: das hastige Futtern an der Bar – »Un panino con prosciutto crudo, Pierina?« (denn schon die Nonna hat gesagt, ein leerer Magen reist nicht gern) –, Kinder zanken um Sitzplätze, eine alte Frau legt sich der Länge nach auf eine der Kunstlederbänke, der Mann mit der Schirmmütze stellt sich schlafend; so überlistet man die Leerzone, bringt sie ohne Schaden hinter sich. Himmelblau, wassergrau, es gibt vor den mit salzigen Spritzern beschlagenen Fenstern kein Oben und kein Unten mehr. Das Schiff schlingert leicht, das Kind, das man eben noch angehalten hat, Fleischbrote zu verdrücken, wird hastig in Richtung Waschraum gezerrt. Habe ich recht getan, vom sichern Ufer abzustoßen? frage ich mich. Auch im Sommer kann es wie aus Kübeln regnen, die Wege sind aufgeweicht, man ist für Tage in der kleinen Inselwohnung eingesperrt. Drüben über der Insel sind die Bedenken verflogen: blaue Löcher am Himmel. Auf der Fahrt über Land fallen mir kleine Veränderungen auf: ein neues Hotel im Rohbau, ein frisch geteerter Feldweg.

Die Vernarrtheit des Wiedererkennens. Dieser Reiz des »immer und immer wieder«.

Trotzdem sind die ersten Tage in der Abgeschiedenheit nicht leicht. Kein Telefon schrillt, nicht einmal ein Fernsehapparat im Inselhäuschen, die einzige Verbindung mit der Welt der Postino, der auf einem Motorrad Post in die Wildnis bringt. Va bene, Signora? Ich nicke, suche nach Schokolade für seine Kinder. Wie könnte er verstehen, daß ich sie kaum ertrage, diese ersten Inseltage? Daß ich die Flut der Bilder vermisse, den Lärm und die vielfältigen Störungen, daß mich das Vis-à-vis mit der Natur beklommen macht? Ich lese bei Pessoa im ›Buch der Unruhe‹: »Die ländliche Friedsamkeit schmerzt und lastet. Eine gestaltlose Langeweile erstickt mich.« Was soll also diese Entziehungskur vom alltäglichen Streß? Habe ich mich selbst verbannt? Ich halte es in der Einsamkeit nicht mehr aus, gehe den Macchiaweg hinauf ins Dorf. Auf der Piazza die übliche Sommermischung: Einheimische und Touristen, da und dort grüßen Bekannte. Tanggeruch aus dem Fischladen, Knoblauchschwaden aus dem Ristorante dei Poeti, es ist, als wäre ich nie von hier fortgegangen. Im Laden der Mirtilla kaufe ich Wein, Brot, Oliven und Schafskäse. Seit einem Vierteljahrhundert steht die Mirtilla in ihrem Laden, der dunkel und feucht ist wie das Innere einer Miesmuschel, steht bewegungslos in all den Gerüchen am Ladentisch, nie hat man etwas anderes von ihr als ihren Oberkörper, ihr wächsernes, schönes Gesicht gesehen. Fünf Tage nach meiner Ankunft höre ich auf, mich zu sperren, die Insel erobert mich zurück. Ich bade im Meer und steige durch den Pinienhain hinauf, meine Bewegungen werden harmonischer, ich bin nichts als ein heller Fleck, der sich zwischen der rhythmischen Schraffur der Stämme bewegt. Die Tage verlieren ihr Gewicht, ich bin wacher, nehme die Farben intensiver wahr, das Ohr ist geschärft für Zwischentöne: Die Insel, Ort des Rückzugs, füllt sich an mit Leben. Ibiza, Papua, Barbados, Jersey, Elba ... Nun, nach drei Wochen zurück auf dem Festland, nehme ich mir vor, mir im Alltag Inseln zu erhalten, Momente des Rückzugs und der Stille.

Else Hueck-Dehio

Taft zum Kragen

Das kleine Ereignis, von dem ich heute berichten möchte, hat, als es geschah, die Welt in keiner Weise bewegt. Aber es hat ein paar Menschenherzen verwandelt. Es hat ihnen gezeigt, daß die Bewegtheit der Herzen, ja sogar deren unbedeutendste Fehlleistungen manchmal dazu dienen können, denen, die Gott lieben, zu dem Ihren zu verhelfen.

Dieses kleine Ereignis geschah in Livland in jener fast schon sagenhaft gewordenen Zeit, als die Damen noch lange Röcke und hohe Stiefelchen trugen, als die Männer noch vom »schwachen Geschlecht« sprachen, als die estnischen Dienstboten der Herrschaft noch den Ärmel küßten und als es noch geschehen konnte, daß ein Kutscher für treue Dienste zur Hochzeit ein ganzes Gesinde geschenkt bekam. Es geschah außerdem in der Weihnachtszeit, und draußen fiel der Schnee. Die junge Frau Pastorin, die im schwarzen Samtmäntelchen und mit rundem Muff über den Großen Markt trippelte, hörte die Fuhrmannschlitten mit vielstimmigem Schellengeklimper vorübergleiten; sie sah die Fußgänger ihr Kinn und, wenn es anging, auch die Nase in ihren hohen Pelzkragen verstecken. Die Kinder, die ihre Kelken* hinter sich herzogen, hatten knallrote Backen und sicherlich eisige Zehenspitzen. Die Studenten, die ihr entgegenkamen, rieben sich die Ohren unter den bunten Mützen. Es war kalt.

Die junge Frau Pastorin blieb einen Augenblick nachdenklich vor der Stoffhandlung von Herrn Popow stehen. Die Flocken tanzten vor den Fensterauslagen, aber sie ging nicht hinein. Sie wollte doch lieber bei Ploetz nachschauen. (Die »Ploetz'sche Bude« nannte man das in Dorpat.) Zwar hatte Popow eine größere Auswahl, aber sie mußte leider immer daran denken, daß im vergangenen Frühling nach einem Mollatz-Kommers die Kuronen das »w« vom Namensschild des Herrn Popow weggeschlagen hatten – und sie fühlte selber, daß dieser Gedanke sich für eine junge Pastorin nicht schickte!

Sie ging also die wenigen Schritte bis zur Ploetz'schen Bude weiter, trat sich den Schnee von den Überschuhen, raffte den langen schwarzen Rock, in dessen Bürstenband der lockere Schnee ebenfalls hing, ein wenig auf und öffnete die Glastüre. Die Schelle über der Tür klingelte. Herr Ploetz tauchte eilig und dienstfertig aus den Hintergründen seiner Bude auf, nahm den vorschriftsmäßigen Platz hinter der Theke ein (»Lette« sagte man

* Kelk = estnisches Wort für Rodelschlitten

damals) und verneigte sich mehrmals mit seinem altbekannten, schmantigen Lächeln.

»Kuten Morjen, knädijes Frau Pastorinchen«, sagte er dabei, »kalt heute, und wiehl Schnee ...«

»Ja, guten Morgen, Herr Ploetz«, antwortete die junge Frau und schlug den Schleier, der schmal um die Fellkappe gebunden war, von ihrem Gesicht zurück.

»... Oj, Oj«, dachte Herr Ploetz, »so ein scheenes rosa Jesichtchen, und dabei so jung« ... »Womit terf ich tienen?« fragte er laut.

Die junge Frau Pastorin zögerte einen Augenblick und ließ ihre Augen über die Regale wandern, in denen, wohlsortiert, die Stoffballen ruhten: dicke Wollen, dunkel und solide für Mäntel, dünnere, und schon in freundlicheren Farbschattierungen, für Kleider; dann die zarten Gespinste für Blusen – ach, und schließlich die Seiden! Da lagen sie alle, Crêpe de Chine und Charmeuse, Chiffon und Popeline, Atlas und Taft. Ja, der Taft war es, auf den sie es diesmal abgesehen hatte. Der Taft für den Kragen des längst ersehnten und endlich ersparten Weihnachtskleides. Und so sagte sie: »Ich brauche etwas Taft, dunkelblauen Taft zum Kragen.«

Herrn Ploetzens runde, abwartende Leiblichkeit geriet in eilfertige Bewegung. »Haber natierlich, scheenen plauen Taft, kann ich tienen, kann ich tienen, Frau Pastorinchen ...«

Er zog, flink und schwungvoll, die säuberlich auf ein Brettchen gewickelten Seiden aus dem Regal hervor und ließ sie, eine nach der andern, knisternd und glänzend über seine Hand entrollen.

»Scheene, schwere Seide«, murmelte er mit gespitzten Lippen, »kanz plank, pricht nicht, schleißt nicht, macht nur so vornehm schnurr-schnurr ...« Er ließ die Seide rascheln und schaute seiner Kundin ins Auge, den Kopf auf die Schulter geneigt.

Aber die junge Frau Pastorin sah Herrn Ploetz überhaupt nicht an. Sie sah nur die Seiden. Sie holte eine kleine, neugierige Mädchenhand aus ihrem Muff hervor und strich damit über den Stoff. Wie kühl er sich anfühlte! Wirklich vornehm! Und dabei wärmte er doch, das wußte man, Seide wärmt immer. Aber sie sticht nicht am Halse wie diese dumme Wolle. Nun erschien auch ein dunkelblaues Wollpröbchen aus den Tiefen des Muffs und wurde auf die Seide gelegt. Ja, diese. Wie schön würde doch ein breiter Kragen auf der ernsten Wolle aussehen!

Eine Pastorin durfte natürlich keine auffallende Kleidung mehr tragen, das wußte die junge Frau. Weder grün noch rot, noch gelb. Zwischen braun, blau und schwarz lag jetzt ihre Farbskala, und höchstens noch weiße Blusen mit hohen englischen Stehkragen auf Fischbein ... (Etwas Unsympathischeres konnte die junge Frau sich kaum vorstellen – weder singen noch schlucken konnte man mit diesen Dingern!) Aber hier – ein weicher Kragen, der bis auf die Schultern fiel und glänzte und knisterte … Man würde sich darin fast so fühlen wie früher als junges Mädchen, als man den Studenten noch gefallen wollte. Jetzt wollte man ihnen natürlich nicht mehr gefallen. Jetzt war es nur noch einer, dem man zu gefallen hatte, der Ernste, Große, Dunkle und furchtbar Schöne, der unentwegt auf dem steinigen Pfad zum Reiche Gottes voranging und der sich entschlossen hatte, so ein kleines und eitles Wesen, wie man selber eines war, auf diesem steinigen Wege hilfreich mit- zunehmen.

Ja, diesem wollte man gefallen, und sonst kei- nem. Aber diesem *durfte* und *sollte* man auch gefallen, das war geradezu eheliche Pflicht! Nur hatte er leider schon manchmal gesagt, wenn man sich Mamas Armband mit dem blauen Stein umge- legt oder die Stirnlöckchen mit der Brennschere besonders schön gekräuselt hatte: »Aber Kind, wozu das? Auf solche Dinge sehe ich doch gar nicht! Es kommt mir nur auf dein Gesicht an. Meinetwegen könntest du in Sack und Asche ge- hen – oder überhaupt nichts anhaben.« Aber das hatte er bestimmt nicht so gemeint.

Also um dieses Mannes willen mußte man den schönsten Taftkragen am langweiligen wollenen Weihnachtskleid haben – und außerdem, weil er so kühl und vornehm war und am Halse nicht stach.

Die junge Pastorin legte ihre Hand auf die blaue Seide, die am besten zu ihrer Wollprobe paßte. »Wieviel würde das denn kosten?« fragte sie.

Herr Ploetz wurde sogleich traurig und seine Stimme ganz leise. »Zwei Rubelchens die Elle«, antwortete er und hob die Schultern, um anzudeuten, daß er an diesem hohen Preis unschuldig sei.

Zwei Rubel! Die junge Pastorin mußte tief einatmen, um dabei zu verbergen, wie heftig ihr dieser Preis in die Glieder fuhr. Anderthalb Ellen würde sie bestimmt zu ihrem Kragen brauchen. Das waren drei Rubel – die gleiche Summe, die sie jeden Monat von ihrem Haushaltungsgeld für die Zukunft zurücklegen wollte.

»Wir müssen für die Zukunft sparen«, hatte ihr Mann gesagt, als er ihr vor einem halben Jahr das erste gemeinsame Haushaltungsgeld aushändigte. Sie wußte nicht genau, was für eine Zukunft er meinte: die Kinder? Oder gar schon Krankheit und Alter? Von allen dreien war fürs erste noch nichts zu merken. Man war gesund und jung, und nicht ein einziges Kind schien die Absicht zu haben, sich in die Arme der jungen Pastorin zu begeben, um von ihr gewiegt, geküßt, geliebt – und nur unzureichend erzogen zu werden, wie ihr Mann schon jetzt befürchtete.

Nun ja. Jedenfalls hatte sie bisher jeden Monat

pünktlich drei Rubel für »die Zukunft« zurückgelegt – und nun sollte sie für einen dummen Taftkragen ebensoviel ausgeben? Vielleicht blieb für »die Zukunft« dann nichts mehr übrig, und das ausgerechnet im Dezember, im Weihnachtsmonat? Im Monat der Liebe und der Kinder?

»Herr Ploetz«, sagte die junge Pastorin und hob ihre Augen, die gar – gar niemandem mehr gefallen sollten, in einem plötzlichen Entschluß zu dessen mondgleichem Angesicht.

»Oj, oj«, dachte Herr Ploetz zum zweiten Mal an diesem Vormittag, »so scheene Augens – wie bei Kalbchen!«

»Herr Ploetz«, sagte sie also. »Dies ist ja doch eigentlich nur sehr wenig Taft ... nur noch ein Rest ... können Sie ihn mir nicht etwas billiger abgeben?«

In Herrn Ploetzens Seele begann es zu arbeiten, man sah es deutlich am Zucken seiner Wangen, und nun mußte die junge Pastorin doch aus irgendwelchen unerfindlichen Zusammenhängen an den unseligen Herrn Popow denken ...

Das gerührte Wohlgefallen an dem anmutigen Geschöpf vor ihm kämpfte mit der oft erprobten und stets vorteilhaft bewährten kaufmännischen Anlage des Ploetz'schen Wesens, und nach einigen Augenblicken hatte die kaufmännische Anlage gesiegt.

»Knädijes Frau Pastorinchen«, flüsterte er mit

niedergeschlagenen Augenlidern, »altes Ploetz ist ein armes Mann – altes Ploetz ist pillich; pillicher kann altes Ploetz nicht sein.«

Eine schnelle Blutwelle stieg in das schöne rosa Gesichtchen unter der Fellkappe. Herr Ploetz sah es wohl, trotz niedergeschlagenen Augen.

»Natürlich, ich hätte Sie nicht fragen sollen ...«, flüsterte die junge Frau. »Ich muß es mir noch überlegen. Auf Wiedersehen, Herr Ploetz ...«

Während sie noch einen letzten kurzen Blick auf die blaue Seide warf, die im Schneelicht des Tages und der früh angesteckten Gasbeleuchtung des Herrn Ploetz zwiespältig glänzte, füllten sich ihre Augen mit Tränen. Auch dieses sah Herr Ploetz, obgleich der Schleier über dem erglühten Gesicht schnell herabgezogen wurde.

»Knädijes Frau Pastorinchen türfen nicht zu lange ieberlejen, Stoffchen ist nur wenig!« rief er hinter ihr her. Darauf fiel die Glastür mit bellender Schelle ins Schloß.

Solches geschah am Sonnabendvormittag vor dem zweiten Advent.

Während des Mittagessens im Pastorat war die junge Pastorin so schweigsam, daß es sogar ihrem Mann auffiel, obgleich er mit seinen Gedanken schon bei seiner Predigt war, für die er sich stets den Sonnabendnachmittag vorbehielt.

Es war nämlich ein herrlicher Text, dieser

Zweite-Advents-Sonntag-Text! Ein Text so recht nach seinem Herzen, bei dem man der im Kirchenschiff schweigenden Gemeinde einmal tüchtig die Wahrheit sagen konnte, Wahrheit mit Horn und Schwanz!

Wie hieß es da? Zuerst: »Tut Buße!« Und dann hatte Johannes in der Wüste ein Kleid von Kamelhaaren an und einen ledernen Gürtel, und nichts von all dem Firlefanz, der heute zur Mode gehörte: Schleppen und hohe Absätze, Spitzenrüschchen und Siegelringe und seidene Krägelchen … Außerdem ist die Axt den Bäumen schon an die Wurzel gelegt, und einer hat die Worfschaufel schon in der Hand und wird seine Tenne fegen … Ja, es war ein herrlicher Text! Das Grauen konnte einem über den Rücken laufen, und trotz der winterlichen Kälte hörte man die Flammen der Hölle unter der Oberfläche brausen.

Mit einem Lächeln, in dem sich schon die schöpferische Stunde ankündigte, blickte der Pastor auf. Und da sah er seine kleine Frau sich gegenübersitzen, ganz jung, ganz rosig, mit gesenktem Blick und dem unschuldigen Rund ihrer Wangen. Sie stocherte im Suppenfleisch, das mit Meerrettichsauce und Kartoffeln, wie jeden Sonnabend, ihren Teller füllte. Immerhin waren es keine Heuschrecken mit Honig wie im herrlichen Text, und – Hand aufs Herz – darüber war der junge Pastor eigentlich ganz froh.

Er sah dieses junge Kind an, das er auf seinen steilen und kompromißlosen Schicksalsweg einfach mitgerissen hatte, weil er – ja, man muß ehrlich sein –, weil er es nicht zurücklassen konnte. Und wie immer, wenn er Elsbeth ansah, füllte sich sein Herz mit einer ganz unvorschriftsmäßigen Wärme. So war es schon gewesen, wenn er sie in ihrem Elternhaus gesehen hatte, wo sie am Flügel stand und die ›Rosenlieder‹ sang. So war es auf der Schlittschuhbahn gewesen, ja horribile dictu, sogar in der Kirche, wenn ihr Rosenhut auf der Empore erschienen war und er darunter ihr andächtig erschlossenes Gesichtchen ahnte.

Jedenfalls, jetzt war es geschehen. Jetzt saß dieses Kind seit einem halben Jahr an seinem Mittagstisch und war seine Frau.

»Du bist so still, Elsbeth, fehlt dir etwas?«

Die junge Frau fuhr ganz leicht zusammen, so, als ob sie auf fremden Gedankenwegen ertappt worden wäre. Sie blickte kurz auf, lächelte ein wenig und schüttelte den Kopf.

»Nein, mir fehlt nichts.«

»Dann schmeckt dir wohl das Suppenfleisch wieder einmal nicht?« bemerkte der Pfarrer. »Dabei aß Johannes in der Wüste immer Heuschrecken mit Honig.«

»Die müssen ganz komisch zwischen den Zähnen geknirscht haben«, flüsterte seine kleine Frau.

Aber das hörte er schon nicht mehr. Seine Gedanken nahmen bereits wieder Besitz von den Dingen seines herrlichen Textes. »Ich bin die Stimme eines Predigers in der Wüste«, dachte er. Und: »Ihr Otterngezücht, wer hat denn euch gewiesen, daß ihr dem künftigen Zorn entrinnen werdet?«

Die junge Pastorin schwieg wieder. Sie merkte, daß es ihrem Mann jetzt nicht mehr auffiel. Sie konnte ruhig über den blauen Taft, die drei Rubel und die »Zukunft« nachdenken. Er war bei seiner Predigt. Er war groß und fern. Das Feuer des Geistes nahm von ihm Besitz. Sein schön geschwungener Mund lächelte, aber er lächelte nicht für sie. Sie kannte das. Es hatte keinen Zweck, ihn an diesem Nachmittag mit ihren kleinen, dummen Sorgen zu belästigen.

Aber am Sonntagmorgen vor dem Gottesdienst beim gemütlichen Kaffeestündchen, da hatte es bestimmt mehr Zweck, dachte die junge Pastorin. Am Sonntagmorgen nahm sich der Pastor immer Zeit. In Dorpat begannen alle Gottesdienste erst um elf Uhr, – ob um der Studenten, der Professoren oder um des akademischen Viertels willen, war nicht zu ermitteln. Im übrigen wurde in baltischen Landen allenthalben gut gegessen und gern geschlafen …

So nahm sich der Pastor auch am kommenden Sonntagmorgen Zeit, schlürfte seinen Kaffee und rauchte seine Zigarre. Die Predigt, wohl bedacht und reich formuliert, ruhte in seinem Inneren und brauchte nur hervorgeholt zu werden. Der Küster war unterrichtet. Der Organist spielte die gewünschten Choralsätze schnell noch einmal durch. Alles war, wie es sein sollte. Warum sich also des stillen, seltenen Morgenstündchens nicht von Herzen freuen?

Die junge Pastorin rechnete auch, daß er in dieser Stunde besonders aufgeschlossen und besonders sanftmütig sein würde. Denn wenn man binnen kurzem den Segen erteilen und anderen Menschen die Sünden vergeben will, muß man dann nicht so etwas Ähnliches wie Gottes Nachsicht und Barmherzigkeit in seinem Herzen tragen?

Also nur Mut!

Sie hob den Kopf von ihrem Eierbecher, in welchem sie die Kuppe des Eies nachdenklich zerschlagen hatte, und begann: »Du sagtest mir einmal, wir sollen für die Zukunft sparen.«

Der Pastor horchte auf. »Ja, wieso?« fragte er, während in seinem Kopfe holde Bilder heraufdämmerten. Ob das der Anfang eines zarten Geständnisses werden sollte?

Die junge Frau fuhr fort: »Ich habe das auch immer heimlich getan. Jeden Monat habe ich drei Rubel vom Monatsgeld zurückgelegt. Das sind jetzt schon achtzehn Rubel.«

»So hatte ich das freilich nicht gemeint, aber es war schön von dir!« lobte der Pastor.

»Und?«

»Nun weiß ich nicht, ob mir das jetzt im Dezember auch auskommen wird. Ich möchte mir für mein blaues Weihnachtskleid einen seidenen Kragen kaufen, und der wird genau drei Rubel kosten. Die drei Rubel, die ich sonst zurückgelegt hätte. Was meinst du dazu? Es ist ein Kragen von Taft ...«

Der Pastor schwieg einen Augenblick, während seine hohe Stirn sich umdüsterte. Also *das* war es! Modischer Firlefanz und nichts von zarten Geständnissen!

Er fragte: »Hältst du so einen Taftkragen denn wirklich für unbedingt notwendig?«

»Notwendig nicht, aber schön«, zwitscherte die junge Frau.

Der Pastor räusperte sich und schüttelte den Kopf. »Überleg mal, Elsbeth«, mahnte er, »was wollen wir denn lieber sein, gut oder schön?«

»Ich möchte beides sein.«

»Aber Elsbeth, kein Mensch kann zween Herren dienen! Wir müssen wählen, ob wir Gott gefallen wollen oder den Menschen.«

»Ich möchte beiden gefallen.«

»Und dafür brauchst du ein Stück Seide für drei ganze Rubel ... für drei Rubel Taft zum Kragen ... drei Rubel, die wir sonst für die Zukunft zurücklegen könnten!«

»Ich habe doch schon achtzehn Rubel, ganz freiwillig ...«, erinnerte die junge Frau schüchtern.

»Ja, aber immerhin – sollen wir uns in Seide kleiden, während ich in meiner Predigt heute ausgerechnet davon sprechen will, daß Johannes in der Wüste ein härenes Gewand trug und daß dies in krassem Widerspruch dazu steht, wenn unsere Damen jetzt schon anfangen, sich Seiden und Spitzen und Flitterzeug für die Landtagsbälle in Riga zu kaufen? Ich will den Menschen einen Spiegel über die Nichtigkeit dieser Dinge vorhalten, – und du willst Taft zum Kragen!«

Der Pastor stand auf. Irgendwie verging ihm die Gemütlichkeit über diesem Gespräch. Er begann zwischen Tisch und Ofen hin und her zu wandern, und da seine Frau nicht antwortete, sondern ohne zu essen in ihren Schoß blickte, sprach er weiter: »Meinst du nicht, daß du Gott ohne taftenen Kragen besser gefällst?«

Der braune Kopf mit dem unschuldigen Wangenrund schnellte empor. »Ich glaube, Gott ist nicht so kleinlich«, kam es aus einem weichen Mund.

Des Pastors Rücken straffte sich. Der ganze Mann erhob sich zu seiner stattlichen Länge, und aus dem breiten Brustkorb strömte die Stimme nun lauter und tiefer, einer heiligen Empörung deutlich Ausdruck verleihend: »Aber erlaube mal, Elsbeth – so kleinlich wie wer? Und was für Worte sprichst du da eigentlich in Verbindung mit Gott? Wie kannst du Seinen Namen überhaupt in

Verbindung mit deinen lächerlichen Angelegenheiten nennen? Kleinlich sagst du? Kleinlich? Ja, wahrhaftig, kleinlich ist Er nicht, der die Gestirne schuf und über die Ewigkeiten herrscht ... Der da die Menschen lässet sterben und spricht: Kommet wieder, Menschenkinder! Vor dem tausend Jahre sind wie ein Tag und eine Nachtwache ... Was weißt du von Ihm, für den du ein Staubkorn bist, ein Hauch! Du, deren Verstand nicht ausreicht, auch nur den Saum Seines Gewandes zu erkennen ...«

Während dieses gewaltigen Wortregens wurde die junge Frau auf ihrem Stuhl ganz klein. Erst als ihr Mann Atem schöpfte, wagte sie zu flüstern: »Ja, natürlich, du hast recht, ich weiß nichts von Gott und Seiner Majestät, außer dem einen: daß Er mich lieb hat!«

»Lieb hat? Dich? Das Staubkorn?« rief der Pastor und schaute vernichtend in ein Paar aufgerissene Augen, aus denen ratlose Verwirrung geradezu schrie.

Diese Verwirrung ernüchterte ihn sogleich, und leiser fuhr er fort: »Ach, natürlich liebt Er dich auch, wie Er jeden Menschen liebt, sogar den Verbrecher. Aber ich wollte nur sagen, daß Schönheit oder Klugheit, Jugend oder eine gute Familie noch lange kein Grund sind, sich gleich zu den Auserwählten zu zählen ...«

»Das habe ich auch gar nicht gesagt!« unterbrach ihn seine Frau, nun wieder aus den Fluten ihrer Demut und Verwirrung auftauchend. Ja, ihre Stimme klang sogar fest und abwehrbereit. »Ich habe nur gesagt, daß Gott mich liebt, und ich liebe Ihn auch.«

Der Pastor, der nun wieder Boden unter den Füßen hatte, fügte bedächtig hinzu: »Ja, aber die *rechte Liebe* muß es sein, *Furcht* und Liebe. Man darf Gott nicht verniedlichen, weil man selber niedlich ist. Ihn und ein Stückchen Taft zum Kragen sollte man nicht in einem Atemzug nennen. Man sollte Ihm zuliebe einfach wortlos darauf verzichten.«

Die junge Frau besann sich einen Augenblick, dann rief sie hell: »Aber ich tue Ihm mit meinem Taft doch gar keinen Abbruch! Er hat doch auch die Seiden geschaffen, damit man sich an ihnen erfreut. Die Lilien auf dem Felde hat Er sogar noch viel schöner angezogen! Und darum liebe ich Ihn und bin Ihm dankbar, und du kannst sagen, was du willst, – ich würde nicht einmal Angst haben, heute in der Kirche wegen des dummen Taftes zu Ihm zu beten.«

»So würdest du also ruhig mit dem lieben Gott sozusagen gemeinsame Sache gegen mich machen?« fragte der Pastor dagegen schneidend vor Zorn und Verachtung.

»Eberhard! ...«

Er sah sich um, das dunkle Prophetenhaupt tief

umwölkt, – und zum zweiten Mal an diesem Morgen sah er in die gleichen verwirrten, fast muß man schon sagen: entgötterten Augen.

(»Oj, oj«, hätte Herr Ploetz warnend zu sich gesprochen!)

Aber auch der Pastor spürte etwas wie eine Warnung, und sich zurücknehmend fuhr er fort: »Natürlich nehme ich das nicht wörtlich, ich meine nur, daß ein solches Gebet mir wie eine Blasphemie erscheinen würde. Gott – und Taft zum Kragen! Diese irdischen Dinge sind da, oder sie sind nicht da, – man betet nicht um sie! Steht denn im Vaterunser irgendeine ähnliche Bitte? Es geht um der Seelen Seligkeit und nicht um Taft. Auch unsere Gebete können uns den Weg in den Himmel versperren, hast du darüber noch niemals nachgedacht? Gott ist kein Magier, der uns unsere Wünsche erfüllen hilft ...«

»Nein, aber Er ist unser Vater, das habt ihr mich immer gelehrt! Alle habt ihr mir das gesagt, alle!« Sie schrie es mehr, als sie es sagte. »Und zu einem Vater soll man doch Vertrauen haben, so wie ich zu meinem leiblichen Vater auch Vertrauen habe. Mit jeder Kleinigkeit bin ich zu ihm gelaufen, und er hat mich immer angehört, immer. Ob er dann meine Bitte auch erfüllte oder nicht, das war seine Sache. Ich habe es ihm nie übelgenommen, wenn er mal nein sagte. Und jetzt – Gott – der *liebe* Gott, der allmächtige Vater, – und ich soll nun nicht mehr zu Ihm gehen dürfen und Ihm alles sagen, Ihn um alles bitten ...«

Nach diesem Ausbruch war es längere Zeit still im Speisezimmer des Pastorats. Nur das Holz im Ofen knackte, die Kaffeemaschine summte und die alte Wanduhr tickte. Draußen, hinter den Tüllgardinen, fiel der Schnee.

Schließlich blieb der Pastor vor dem Ofen stehen und schaute in die Glut der Birkenscheite. Er sagte langsam: »Ja, das alles hat nun nichts mehr mit meiner Auffassung von Gott oder mit irgendeiner Theologie zu tun, – aber für schwache und törichte Seelen mag auch diese Art von Gebet ihren Trost in sich tragen.«

Danach sah er nicht mehr zum dritten Mal an diesem Morgen in die Augen seiner Frau, sondern zog seine goldgekettete Uhr, an der ein Band in den Farben der Livonia hing, aus der Tasche und blickte darauf.

»Du liebe Zeit«, rief er erschreckt, »jetzt vergessen wir über diesem verd... na, also, über diesem Taft zum Kragen noch um ein Haar die Kirche! Mach dich schnell fertig! Und wisch dir etwas übers Gesicht, es braucht nicht gleich die ganze Gemeinde zu sehen, daß du am heiligen Sonntagmorgen geweint hast.«

Die junge Pastorin hätte sich während des ganzen Weges zur Kirche mit einem feuchten Schwamm übers Gesicht wischen müssen, und auch das hätte kaum etwas geholfen. Auch der eng anliegende Schleier half nichts. Die Tränen quollen unaufhaltsam aus den Augen, sie konnte nichts daran ändern. »Hör doch auf, die Sache ist das doch gar nicht wert!« flüsterte ihr Mann, als ihnen auf dem Domberg der Professor für Chirurgie seinen sechs vorlauten Töchtern entgegenkam.

Ja, daß der Taft diese Tränenströme und diese Erschütterung nicht wert war, wußte die junge Frau auch, und sie hatte bereits auf ihn verzichtet. Etwas völlig anderes preßte die Tränen aus ihrem Herzen. Nur langsam dämmerte es in ihr auf, was das war. Ein Götterbild war in ihr zusammengestürzt. Nicht das Bild Gottes! Das stand unantastbar in ihrer Seele, über jeden Zweifel erhaben, wie immer in den Seelen der von Natur aus Gläubigen.

Daneben hatte sie sich aber ein zweites Götterbild aufgerichtet, und das rächte sich nun. Der schöne, dunkle Gott war an diesem Vormittag plötzlich in Scherben zerfallen. Es hatte sich gezeigt, daß er doch schließlich nichts anderes war als ein Mensch wie alle anderen. Ja, ein sehr von sich überzeugter, – fast muß man schon sagen, ein eitler Mensch, durch dessen Schale von Liebe und Christlichkeit plötzlich geschliffene Härte und Eigenliebe durchblitzten.

So sah das Götterbild aus, dem man sich mit Haut und Haaren anvertraut hatte – und man durfte trotzdem nicht ablassen, es unvermindert weiterzulieben ...

Auch dem jungen Pastor war nicht ganz wohl auf diesem Wege zur Kirche. Er hatte das undeutliche Gefühl, als sei ihm heute morgen etwas danebengelungen, und er wußte bloß noch nicht, was. Jedenfalls hatte er, bei ruhiger Überlegung, seine Frau nicht höher zum großen Gott herangeführt, wie es sich geschickt hätte, sondern ...

Was nun eingestanden werden mußte, trat so schwer über die Schwelle des Bewußtseins, daß es bis zum Eintritt in die Sakristei noch nicht präzise in Gedanken gefaßt werden konnte. Hier aber galt es, die Dinge des Amtes zu versehen, und alle profanen Ablenkungen hatten zu schweigen.

Unterdessen versammelte die Gemeinde sich unten in der Kirche. Die junge Pastorin saß auf ihrem Stammplatz hinter dem Professorengestühl mit dem Profil zum Kirchenschiff, allen Blicken preisgegeben. Und natürlich sahen es auch alle. Eine von den guten, alten Kanzelschwalben, die jeden Sonntag mit verklärtem Gesicht den Worten ihres Mannes lauschten, neigte sich sogleich zu ihr und flüsterte: »Sie sehen schlecht aus, Kindchen, fehlt Ihnen etwas?«

Und eine der vorlauten Professorentöchter flüsterte ihrer Freundin ins Ohr: »Natürlich Ehekrach, was denn sonst?«

In den Bänken des Kirchenschiffs, schon mehr

unter dem anonymen Kirchenvolk, saß auch Herr Ploetz. »Oj, oj«, dachte er, als er die junge Frau Pastorin sah, und irgendwoher erschien das dunkelblaue Stück Taft vor seinem geistigem Auge, das er gestern sorgsam beiseite gelegt hatte, falls die junge Frau Pastorin es sich doch noch »ieberlejen« sollte.

Und so begann denn der Gottesdienst. Er verlief wie immer zu aller Zufriedenheit, bis – doch zunächst sind wir erst bei der Predigt. Auch sie verlief zur Zufriedenheit. Das Grauen, das der Pfarrer zu Hause beim Mittagstisch vorgefühlt hatte, lief seinen Hörern tatsächlich über den Rücken, und sie hörten die Flammen der Hölle unter der Oberfläche brausen. Die Landrätinnen überlegten sogar, ob sie nicht an der Seide für die Ballkleider ihrer Töchter einige Ellen einsparen könnten.

Nur der Pfarrer selbst fühlte nicht das Glück einer wohlgelungenen Schöpfung. Wenn er mit seiner klingenden Stimme rief: »Tut Buße!« – dann fühlte er sich in einer gespenstischen Weise selber angerufen. Und wie war es mit der Stimme eines Predigers in der Wüste? Was ging ihn denn die Wüstenei dort unten im Kirchenschiff eigentlich an, solange sein eigenes Herz, das an den Ereignissen des Morgens noch herumknackte, selber einer Wüste so verdammt ähnlich sah?

Ja, ihr Otterngezücht, wer hat denn euch gewiesen, daß ihr dem künftigen Zorn entrinnen werdet? ... Hatte Johannes dieses Wort nicht direkt auf ihn gemünzt, der er seiner eigenen Frau das Himmelreich mit seinen weisen Worten vielleicht eher versperrt als aufgeriegelt hatte? Sie hatte seine Worte ja gar nicht nötig, sie war ja reinen Herzens, sie schaute Gott ohnehin!

Auch die Axt an der Wurzel der Bäume und die Worfschaufel, die die Tenne reinfegte, bekamen plötzlich ihren echten, tief beängstigenden Sinn.

Und schließlich war es der Pfarrer selbst, der vielleicht als einziger die Feuer der Tiefe wirklich brausen hörte.

Als er aus dieser sonderbaren Predigt auftauchte, blickte er, wie immer, nach dem Gesicht seiner Frau unter der Kanzel, um aus ihren Zügen Zustimmung oder Ablehnung herauszulesen. Aber er sah ihr Gesicht nicht, sondern nur ihre Fellkappe und die Zipfel eines winzigen, spitzenumrandeten Taschentuches.

Dem jungen Pastor wären fast selber die Tränen gekommen, wenn er nicht eine zornmütige Natur gewesen wäre. So aber knirschte er, trotz des geheiligten Platzes, auf dem er stand, in sich hinein: »Oh, dieser verdammte Taft zum Kragen!«

Dann begann er, wie sich das gehört, die Sterbefälle vorzulesen.

Aber auf der Kanzel soll man nicht lachen. Der Taft stand nun nicht nur vor Herrn Ploetzens, sondern auch vor des Pastors innerem Gesicht, und als die Worte der Fürbitte durch die stille Kirche schwangen, sprach er es laut und deutlich aus: »Herr, gib uns Taft zum Kragen …« Stille – – »Ja, Kraft zum Tragen gib uns, Herr …«

Wie der junge Pastor nach diesem Gebet die Stufen zur Sakristei hinuntergekommen war und wie er nachher das Vaterunser und den Segen gesprochen hatte, das wußte er später nicht. Er wußte nur, daß seine Ohren brausten und sein Kopf glühte.

Er, der seiner Frau die unschuldige Kinderbitte um den Taft untersagt hatte, er, der mit großen Worten um sich geworfen und sie zu den Schwachen und Törichten gezählt, – er hatte selber öffentlich und vor der ganzen Gemeinde um Taft zum Kragen gebetet …

»So etwas kann jedem passieren! Es war ein lapsus linguae, lieber Bruder«, sagte der alte Probst in der Sakristei und klopfte ihm tröstend auf die Schulter. Aber der junge Pastor bemerkte deutlich das belustigte Zwinkern in seinen Augen. Dieses Zwinkern würde heute nun an allen sonntäglichen Mittagstischen zu finden sein, in den Konventsquartieren der Studenten, in der Ressource und Bürgermuße, im Getuschel der vorlauten Backfische und in den Kaffeekränzchen der guten Kanzelschwalben. Er kannte doch seine Landsleute! Wie sollte er je wieder diese Kanzel besteigen?

Seine Frau saß unterdessen völlig erstarrt auf ihrem mit Wachstuch bezogenen Kirchenstuhl. Selbst ihre Tränen waren erfroren, und das Spitzentüchlein war kraftlos in ihren Schoß geflattert. Ihr kleines, rosiges Gesichtchen war gar nicht mehr rosig, sondern völlig blaß. Sie spürte die unruhige, das Schmunzeln verdeckende Bewegung, die vom ersten bis zum letzten Platz durch die Kirchenbänke lief, und plötzlich schlug eine Welle rötesten Blutes in ihre Stirn hinauf.

»Wie furchtbar«, stammelte ihr Herz, »Eberhard ... wie wird sein Selbstbewußtsein das ertragen? Daß Gott jetzt über ihn lächelt, wird ihm ja nicht so schlimm sein – aber die Menschen ...«

Es gab noch einen in der Kirche, der auch nicht lächelte. Und das war Herr Ploetz. Als die Worte des seltsamen Gebetes in seine runden Ohren fielen, stöhnte er diesmal ganz laut: »Oj, oj, oj«, und blickte zwischen seinen Knien hindurch tief auf den Fußboden der Kirche. Die Zusammenhänge waren ihm ganz klar. Und er spielte in dieser kleinen Tragödie keine unbedingt vorteilhafte Rolle. Wie war es zum Beispiel mit dem »pillicher ablassen«? Vielleicht hätte die junge Frau Pastorinchen dann heute nicht mit so verheulten Kalbchenaugen vor all den vielen Menschen dasitzen müssen, und der Herr Pastor hätte nicht beim lieben Gottchen um Taft zum Kragen gebetet. Und das Otterngezücht ... und das höllische

Feuer, das tichtig prennen würde ... Herr Ploetz schaute auf, ganz kurz, und sah das erstarrte rosa Gesichtchen, das nicht mehr rosa war. Danach schaute er nicht mehr auf.

Der Heimweg durch das adventliche Schneegestöber verlief ziemlich schweigsam. Nur einmal fragte der junge Pastor: »... haben es wohl alle ganz deutlich gehört?« Und seine Frau nickte mit dem Kopf und flüsterte: »Ja, alle ...«

Der Sonntagsbraten mit der Schmantsauce schmeckte auch nicht, und die Köchin trug ihn verstört wieder in die Küche zurück. Nicht ein einziges Wörtchen fiel unterdessen im Speisezimmer.

Dann klingelte es leise an der Haustür.

Die junge Pastorin, froh, dem kummervollen Schweigen ein wenig zu entwischen, ging selber öffnen. Vor der Tür stand niemand, nur frische, winterliche Luft. Aber auf der Fußmatte lag etwas. Es war kein Findelkind, dazu war es zu klein. Aber es fühlte sich weich und angenehm an, und auf dem soliden Papier stand in schnörkeliger Schrift: »Für Frau Pastorinchen!«

»Ach«, hauchte die junge Frau und schlich leise ins schweigsame Speisezimmer zurück. Vor seinem Teller mit »rosa Manna« saß ihr Mann und hatte die Stirn in beide Hände gestützt.

»Sieh«, sagte sie und entnahm dem soliden Packpapier den kühlen, knisternden Taft zum

Kragen; er war säuberlich auf sein Brettchen gewickelt. »Sieh, nun hat der liebe Gott dein Gebet doch erfüllt . . .«

Der junge Pastor hob den Kopf. Er sagte nicht, wie er es am Morgen dieses Tages wahrscheinlich noch getan hätte: »Bring das sofort zurück, ich will es nicht sehen!« Nein, er stand auf, nahm seine Frau in die Arme, preßte sie fest an seine breite Brust, durch die der Atem hörbar strömte, und murmelte: »Verzeih mir, Elsbeth!«

Womit wir zum Anfang zurückkehren, wo die Behauptung steht, daß Gott selbst unbedeutende Fehlleistungen der Seele gebrauchen kann, um Seinen Kindern aus Seinem Überfluß zu schenken, – nicht nur das Gute, sondern auch das Schöne.

Die Autoren

ERNST AUGUSTIN, geboren 1927, Arzt, Neurologe und Psychiater, jahrelang in Entwicklungsländern tätig, später als psychiatrischer Gutachter in München. Wurde für sein literarisches Werk mit zahlreichen Preisen ausgezeichnet.

›Der Generationenvertrag‹ wurde mit freundlicher Genehmigung des Verlags C. H. Beck, München, aufgenommen. (Aus: E. A., Der Künzler am Werk. Eine Menagerie, München 2004.)

T. CORAGHESSAN BOYLE, geboren 1948 in Peekskill/New York im Hudson Valley, unterrichtet an der University of Southern California in Los Angeles.

›All Shook Up‹ wurde mit freundlicher Genehmigung des Carl Hanser Verlags, München, aufgenommen. (Aus: T. C. B., Greasy Lake und andere Geschichten, München und Wien 1993. Deutsch von Ditte König und Giovanni Bandini; dtv 11771.)

ANNA GAVALDA, geboren 1970, hat in Paris Literatur studiert, ist Lehrerin und zählt zu den bekanntesten Autorinnen der französischen Literaturszene.

›Jahrelang‹ wurde mit freundlicher Genehmigung des Carl Hanser Verlags, München, aufgenommen. (Aus: A. G., Ich wünsche mir, daß irgendwo jemand auf mich wartet. Erzählungen, München und Wien 2002. Deutsch von Ina Kronenberger.)

LAUREN GRODSTEIN ist in New Jersey aufgewachsen und lebt in New York. Sie hat an der Columbia University studiert, wo sie heute selbst unterrichtet. Sie schreibt Erzählungen und Romane.

›Satelliten oder Flugzeuge‹ in der Übersetzung von Barbara Ostrop wurde Lauren Grodsteins Erzählungsband ›Für unsere zynischen Freunde‹ entnommen (alle deutschsprachigen Rechte beim Deutschen Taschenbuch Verlag GmbH & Co. KG, München 2003).

EVELINE HASLER wurde in Glarus/Schweiz geboren. Sie studierte Psychologie und Geschichte und lebt heute als freie Schriftstellerin im Tessin.

›Inseltage‹ wurde Eveline Haslers Glossenband ›Der Jubiläums-Apfel und andere Notizen vom Tage‹ entnommen (alle Rechte beim Deutschen Taschenbuch Verlag GmbH & Co. KG, München 1998; dtv 12557).

ELKE HEIDENREICH, geboren 1943 in Korbach/Waldeck, verbrachte ihre Jugend im Ruhrgebiet, studierte Germanistik, Theaterwissenschaft und Publizistik. Sie arbeitet seit 1970 als freie Autorin und Moderatorin für Funk, Fernsehen und verschiedene Zeitungen.

›Die Liebe‹ wurde mit freundlicher Genehmigung des Rowohlt Verlags GmbH, Reinbek, aufgenommen. (Aus: E. H., Kolonien der Liebe. Erzählungen, Reinbek bei Hamburg 1992.)

ELSE HUECK-DEHIO, geboren 1897 in Dorpat/Estland, gestorben 1976 in Murnau/Oberbayern, war ausgebildete Krankenschwester. Sie schrieb zahlreiche Erzählungen und Romane.

›Taft zum Kragen‹ wurde mit freundlicher Genehmigung des Verlags Ernst Kaufmann GmbH, Lahr, aufgenommen.

(Aus: E. H.-D., Ja, damals ... Zwei heitere estländische Geschichten, Heilbronn 1953; <u>dtv</u> 25178.)

Binnie Kirshenbaum lebt in New York und gibt Kurse für Kreatives Schreiben.
›Carlotta‹ in der Übersetzung von Patricia Reimann wurde Binnie Kirshenbaums Erzählungsband ›Keinen Penny für nichts‹ entnommen (alle deutschsprachigen Rechte beim Deutschen Taschenbuch Verlag GmbH & Co. KG, München 1998; <u>dtv</u> 24128).

Siegfried Lenz, geboren 1926 in Lyck/Ostpreußen, gehört zu den bekanntesten deutschsprachigen Schriftstellern und lebt in Hamburg.
›Unter Dampf gesetzt‹ wurde mit freundlicher Genehmigung des Hoffmann und Campe Verlags, Hamburg, aufgenommen. (Aus: S. L., Zaungast, Hamburg 2002.)

Penelope Lively, geboren 1933 als Tochter eines englischen Bankangestellten in Kairo, lebt seit 1945 in England. Sie studierte in Oxford Geschichte und hat zahlreiche Romane und Kinderbücher veröffentlicht.
›Ihre eigene Welt‹ in der Übersetzung von Isabella Nadolny wurde Penelope Livelys Erzählungsband ›Die lange Nacht von Abu Simbel‹ entnommen (alle deutschsprachigen Rechte beim Deutschen Taschenbuch Verlag GmbH & Co. KG, München 1998).

Isabella Nadolny, geboren 1917 in München, lebte bis zu ihrem Tod im Jahre 2004 als freie Schriftstellerin und Übersetzerin am Chiemsee.
›Die Sache mit Rübezahl‹ wurde mit freundlicher Genehmigung der Autorin aufgenommen (alle Rechte beim Deutschen Taschenbuch Verlag GmbH & Co. KG, München).

HERBERT ROSENDORFER, geboren 1934 in Bozen, ist Jurist und Professor für bayerische Literatur. Er war Gerichts-assessor in Bayreuth, dann Staatsanwalt und ab 1967 Richter in München, von 1993 bis 1997 in Naumburg/Saale. Er lebt heute wieder in der Nähe von Bozen.

›Die Erfindung des SommerWinters‹ wurde dem gleich-namigen Sammelband des Autors entnommen (alle Rechte beim Deutschen Taschenbuch Verlag GmbH & Co. KG, München 1993; dtv 11782).

RAFIK SCHAMI, geboren 1946 in Damaskus, lebt seit 1971 in der Bundesrepublik. Studium der Chemie mit Promotions-abschluß. Seit 1982 freier Schriftsteller. Lebt in der Pfalz.

›Drahtlos‹ wurde mit freundlicher Genehmigung des Carl Hanser Verlags, München, aufgenommen. (Aus: R. S., Gesammelte Olivenkerne aus dem Tagebuch der Fremde, München und Wien 1997; dtv 12771.)

ANGELIKA SCHROBSDORFF, geboren 1927 in Freiburg im Breisgau, lebt heute als freie Schriftstellerin in Berlin.

›Die Aktion‹ wurde Angelika Schrobsdorffs Geschichten-band ›Von der Erinnerung geweckt‹ entnommen (alle Rechte beim Deutschen Taschenbuch Verlag GmbH & Co. KG, München 1999; dtv 24153).

UWE TIMM, geboren 1940 in Hamburg, studierte Philo-sophie und Germanistik in München und Paris. Seit 1971 lebt er als freier Schriftsteller in München.

›Sonntagnachmittag‹ wurde mit freundlicher Genehmi-gung des Verlags Kiepenheuer & Witsch, Köln, aufgenom-men. (Auszug aus: U. T., Heißer Sommer. Roman, Köln 1985; dtv 12547.)